中小学教师整体课堂管理能力提升培训丛书

ZHENGTI KETANG GUANLI

整体课堂管理

JICHU JISHU

基础技术与工具

YU GONGJU

刘正荣 全艺 孙开吉 著

NORTHEAST NORMAL UNIVERSITY PRESS
东北师范大学出版社
WWW.NENUP.COM

图书在版编目(CIP)数据

整体课堂管理:基础技术与工具/刘正荣,全艺,孙开
吉著.—长春:东北师范大学出版社,2019.8
ISBN 978 - 7 - 5681 - 6143 - 5

Ⅰ.①整… Ⅱ.①刘… ②全… ③孙… Ⅲ.①课堂教
学－教学管理－中小学 Ⅳ.①G632.421

中国版本图书馆 CIP 数据核字(2019)第 167436 号

□责任编辑:李艳丽　　　　　□封面设计:林　雪
□责任校对:刘晓军　　　　　□责任印制:张允豪

东北师范大学出版社出版发行
长春市净月开发区金宝街 118 号（邮政编码：130117）
电话：0431—84568042
传真：0431—84568168
网址：http：//www.nenup.com
电子函件：sdcbs@mail.jl.cn
东北师范大学音像出版社制版
长春方圆印业有限公司印装
长春市绿园区迎宾路 2066 号（邮政编码：130062）
2019 年 8 月第 1 版　2019 年 8 月第 1 次印刷
幅面尺寸：169 mm×239 mm　印张：12.5　字数：185 千

定价：48.00 元

前言：用技术手段解决教师专业发展问题

现在的教师不缺理念，而是缺少工具。难题在于：如何用技术手段解决教师的专业发展问题。因此，用技术手段解决教师的专业发展问题，是我近十年来一直在努力做的事情，并把它作为整体课堂管理核心理念。

2003 年"非典"过后，作为一名初入教育殿堂的非教育专业的草根研究工作者，我曾诚惶诚恐地请教于时任民进中央教育委员会副主任、中央教育科学研究所学术委员会主任的程方平博士，程老师当时的一句话对我启发很深："跳出教育看教育，必有不同的收获。"正是程老师的鼓励，坚定了我以外行眼光来观察教育和教育界发生的事的决心和信心。好在我有多年政府部门工作的经历，习得了一些和人打交道的方式，也学会了一些观察问题的方法，加之数十位教育界"大咖"的无私支持和帮助，历经十余载的观察和思考，我先后完成了《整体课堂管理：理论与实务》《整体课堂管理教师手册》（全六册）等图书。特别是 2015 年出版的《整体课堂管理教师手册》得到了中小学教师的喜爱。经过四年多的试用，在各地中小学教师特别是青年教师的呼吁下，我又在《整体课堂管理教师手册》的基础上，编写了这套"整体课堂管理工具"。作为广大教师，特别是青年教师专业发展的支持体系中的一环，我希望这套书能帮助大家尽快成为教师中的翘楚。

"整体课堂管理"是全国教育科学"十一五"规划课题"研训一体教师专业

化成长研究"和中国教育学会"十二五"教育科研规划课题的成果。其中许多提法和理念与现行国家教育制度，特别是考试制度和教师培养制度一致。其核心是如何将先进的教育理念落实到教师的实践中。着重考查学生独立思考和运用所学知识分析问题、解决问题的能力。实际上要把"五个"考出来：即把社会主义核心价值观和传统文化考出来、把学生课堂表现考出来、把学生的基础和积累考出来、把学生的能力考出来、把学生从社会大课堂所学的内容考出来。今后，自主学习、合作学习、探究学习将成为中小学课堂的主要形态。根据这一要求和趋势，整体课堂管理专门细化了教师发展的具体内容，专门为教师设计了全套整体课堂管理工具，并按照《整体课堂管理：核心技术与工具》《整体课堂管理：关键技术与工具》《整体课堂管理：支持技术与工具》《整体课堂管理：基础技术与工具》四个系列进行呈现，帮助广大教师掌握现代课堂管理的全套技术。

一、"技术"是解决教师职业幸福问题的钥匙

教师的职业幸福建立在教师的职业技能基础之上，没有职业技能的娴熟，就不会有教师职业的幸福。教师职业压力大是全社会的一个共识。其原因虽然很多，但也很简单：一是过去多年的独生子女政策和社会高速发展的结果。经济条件的好转，使两个或两个以上的家庭，四个或更多的家人一起关注一个孩子，最终都会将目光聚焦在孩子的老师身上，"聚光灯效应"造成教师压力很大。二是家长本身学历的增高。教师由以前的"知识垄断者"身份变为今天的"知识超市经营者"，学生获取知识的渠道、形式多元化，教师能否提供学生需要的和家长期望的知识，这是一种很大的压力。三是当今学生的智力发展很快，接受新鲜事物的能力较强，加之学生从小在家娇生惯养，到了学校后要求"发

展个性""挖掘潜力"，使得教师在今天的学生面前"硬方法不敢用，软方法不管用，新方法不会用"，压力自然很大。

教师职业倦怠似乎是一个"伪命题"。这要问"教师职业倦怠的表现是什么？""教师为什么会职业倦怠？"这两个问题。在我们的观察和分析中，大部分教师都认为职业倦怠的表现是"（面对学生）不知道该怎么办，烦"，由此看来，教师的职业倦怠源自于"不知道该怎么办"。按此推论，教师每天面对学生都能自如地、满怀信心地解决学生的各种问题，轻松地做到"兵来将挡，水来土掩"，这样就不"烦"了，职业倦怠就没有了吗？教师的职业幸福感就有了？

不会用新方法是很多教师的苦恼。所谓新方法，就是与教育相关的新的教育学知识、管理学知识、信息技术知识等，教师只有掌握并娴熟地利用好这些新知识，才能在教育实践中如鱼得水，得心应手，从容不迫。这就将教师推到了一个"学无止境""学勿止步"的快车道上。

二、整体课堂管理是一套训练法

整体课堂管理的目标是同时实现"教学有效、德育实效、教师发展、学生成长"这四个目标，整体课堂管理的核心思想是通过促进教师的专业发展来实现学生的全面成长。整体课堂管理模式明确了课堂教学中教师和学生共同成长的生态教育理念，使课堂教学向着空间立体发展，把教学的有效性和德育的实效性结合起来，促进教师和学生共同成长，全面、真正实现"以人为本"的新课堂目标。整体课堂管理重"技术"，实际上就是使教师的教学变得更精彩、更轻松、更简单。

整体课堂管理认为，教师的教育行为实际上是一个以课堂管理方法为核心建立起来的整体系统。这个系统包括课堂研究、课堂设计、课堂创建、课堂评价、课堂升华五个子系统，每个子系统又包括了若干个更小的系统。教师的课堂教学行为实际上是"课堂研究—课堂再研究"这样一个循环往复的过程，而且，这个过程将伴随教师职业生涯的始终。

整体课堂管理的主要目的之一是通过训练快速提高教师的教学能力。它通过从教师心理发展的角度，运用管理学的方法，从课堂研究，到课堂设计、课堂创建、课堂评估、课堂升华对教师整个教学过程进行了优化，使教师的教学变得更加简约和有效，为实现学生"自主学习、合作学习、探究学习"的新课堂的创建提供了技术可能。与其他的教师发展培训方法相比，整体课堂的理论培训较少，主要培训教师的课堂管理技能；其他的教师培训方式主要是专家讲授的形式，整体课堂管理主要采取的是专家带着教师练的形式；其他教师培训课程和内容主要是碎片化的，整体课堂则提供了从课堂研究开始，到课堂设计、课堂创建、课堂评估、课堂升华全套成体系的训练内容，帮助教师接受真正的专业化成长培训和指导。

三、整体课堂管理是一个工具包

解决学生的问题，核心是让他们知晓学什么、怎么学的问题。解决教师的问题，是让他们从内心深处获得职业幸福感，核心是解决他们怎么做的问题。为此，整体课堂管理提供了全套教师课堂教学工具，基本上囊括了教师从事教育教学工作的主要内容。

核心技术（27个）

关键技术（98个）

支持技术（45个）

课堂升华：教育文体写作
教育课题研究 教育专题
讲座 上示范课 微课制
作 听课评课 职称答辩
教师仪表训练 学科班会

基础技术（99个）

课堂研究：教材研究 教师研究 学生研究 资源研究

课堂评估（静态、动态）

培养高质量思维能力

制订精准的学习目标

构建有效反馈路径

促进自主学习

课堂设计：教案设计 拓展案设计 学案设计

课堂升华

课堂创建：导入 导出 强化 组织 试误 媒体选用 语言 板书 提问 讲解 变化 演示 习题测评 试卷编制 课件制作

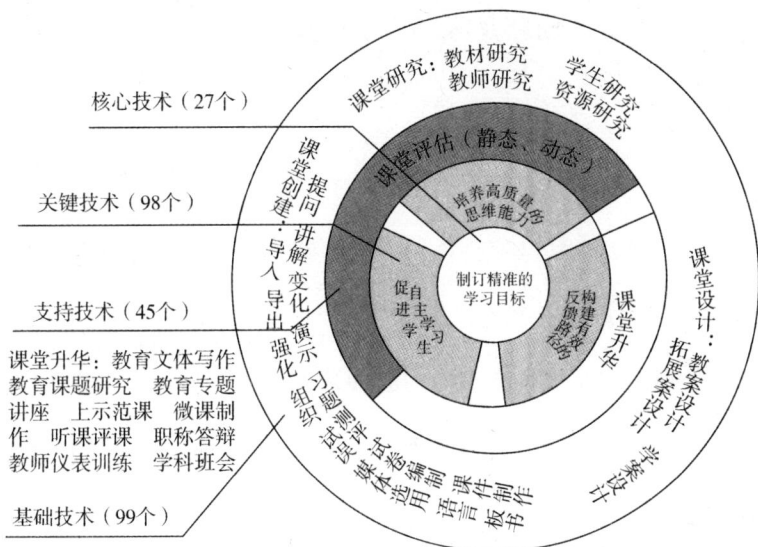

整体课堂管理主要工具

　　整体课堂管理的主要技术和工具包括四类：核心技术与工具、关键技术与工具、支持技术与工具、基础技术与工具。其中，核心技术与工具主要是制订精准的学习目标，这是整体课堂管理的核心。关键技术与工具包括培养高质量的思维能力、构建有效的反馈路径、促进学生的自主学习三类。支持技术与工具包括课堂评估（静态评估工具、动态评估工具）和课堂升华（教育文体写作、教育课题研究、教育专题讲座、上示范课、微课制作、听课评课、职称答辩、教师仪表训练、学科班会等）两类。基础技术与工具则包括了课堂设计（教案设计、学案设计、拓展案设计）、课堂研究（教材研究、学生研究、教师研究、课堂资源研究）和课堂创建（导入、导出、强化、组织、试误、媒体选用、语言、板书、提问、讲解、变化、演示、习题测评、试卷编制、课件制作等）三类。

四、学习、模仿、创新是教师专业成长的三个步骤

教师的成长是从学习开始的。教师无论以什么样的方式、通过什么样的渠道进入教师队伍，走上讲台，都离不开学习。

一是学习。首先，学什么？目前，许多教师都喜欢"快餐式"的培训，他们喜欢听一些一线教师的现身说法，喜欢听他们是怎么做的，这本无可厚非。但教师们可能忽视了这些被挑选出来的教师"代言人"角色，这些教师擅长演讲，其内容并非全部本人所为，而是一个"集大成"的内容，他们的报告内容代表教育的"高地"，会有一些局限，即使是他们个人的经验，由于个性鲜明，也不一定适合其他教师。为什么许多教师参加越多这样的培训，越觉得没意思呢？就是因为学完后回去完全用不上。因此，教师不要学习别人是怎么做的，而要多想想他为什么要这么做。其次，怎么学？教师的学习是一个不断积累的过程，许多教师一有空闲就看书，但他的课堂就是引不起学生的兴趣。为什么？学习别人东西的时候，要带着问题学，要在学别人东西的时候解决自己的问题，这是学习的关键。一个人常常读书而不去思考，充其量只是一名"搬运工"。教师在学习时，有三点是必须学习的，即：与课堂教学有关的内容、与学习方法有关的内容、与学生心理健康教育有关的内容。这些都是课堂信息量的充分构成条件，这应该引起教师的注意。再次，学了怎么办？孟子曰："尽信书，则不如无书。"教师要学以致用，为用而学。每次培训我都会要求老师们回去后，把这几天的所学、所记、所思带回自己的学校，结合自己的校情、班情、生情，加以创新应用，千万不要听的时候激动、下课以后摇动、回去后不动。特别是一些已经证明科学、有效、简单、易行的教育教学通用方法和策略，如果自己以前没有用过，更应该在自己的学校、班级尝试一下。

二是模仿。一些新教师由于缺乏教育教学的实践与经验，对教育教学的规律性、学生的特点还处于了解阶段和认识阶段，这时模仿就是必要的。怎么模仿？首先，求"形似"。如上课，目前"通行"的要求有导入、导出、合作三大环节，教师的课堂上一定要有这三个环节，不然考核就过不去。许多优秀教师的成长表明，他们在一开始任教的时候，都有过模仿别人做法的经历。其次，求"神似"。教师的模仿是积极主动的模仿，要追求"神似"，不能消极被动地模仿。教师在模仿别人的时候，要考虑自己的个性特点和所教学科的性质、学生的学情等综合因素，不能盲目、消极、不动脑子地模仿别人的教学方法。因为这样的模仿，是不可能最终形成具有自己特色的教学风格的，是一种浪费式模仿。

三是创新。教师在综合运用先进的教育教学方法的基础上，形成自己的学科教学知识，使教学艺术发挥明显的效应。教师在自己的教育实践中创造一种教学风格，这标志着教师教学艺术的成熟。因此，这是一切有志于教育事业的教师孜孜以求的。那么，教师的教学风格应具备哪些特点呢？首先，要有独特性，教师的教学个性要较明显地体现出与众不同的特色，体现在课堂教学和对学生的教育。教师的教学行为与方法大多有利于教学效果的优化和教学效率的提高，教师对学生的教育行为和矫正方法大多有利于学生正确价值观的形成。其次，要有"韵味"，即能够让人回味，有人情味。最后，要有稳定性。教师的风格形成后，在一定阶段，其教学艺术风格在教学过程的各个环节都具有独特而稳定的表现，呈现出浓厚的个人色彩，散发出魅力。至此，教师的模仿性就会越来越少，而独特性和教学个性成分则会越来越多。当其教学的独特性和教学个性发展到一定程度，呈科学的、稳定的状态时，也就标示着其教学风格的形成。比如：李吉林老师的情景教学法。

总之，教师要想在教育教学中形成自己的风格，一定要掌握教育教学的基本功，也就是我们通常所说的"通识技能"，没有这个基础，教师的创新就是海市蜃楼，教师的职业就不可能有幸福感。

整体课堂管理的核心是实现教师的自我成长。教师要想上好一堂课，就离不开课堂研究、课堂设计、课堂创建和课堂评估这几个环节，而仅仅把课上好，自己没有得到成长，就会后劲不足，迟早会职业倦怠。因此，教师必须进行"课堂升华"。课堂升华的目的就是让教师通过前面的课堂研究、课堂设计、课堂创建和课堂评估行为，由"教书匠"变成"教育家"。整体课堂管理的主要做法就是对教师的课堂研究、课堂设计、课堂创建、课堂评估和课堂升华的行为过程进行优化管理，让教师掌握其核心的、关键的、基础的技术，也就是"必须掌握的技术"，把一些教师可做可不做的行为淡化甚至去掉，在给教师减负的同时提高教师的教学效率。

"整体课堂管理工具"作为教师教育"通识技能"的工具手册，包括基础知识、课堂研究、课堂设计、课堂创建、课堂评估、课堂升华六册，基本上涵盖了中小学一线教师的教育技能。与其他同类的图书相比，本套手册具有以下特点：

第一，全面性。本套手册从一线中小学教师的职业特点和工作内容出发，从课堂研究、课堂设计、课堂创建、课堂评估、课堂升华五个方面全面构建了教师"做"的原理、途径和方法，涵盖了教师职业的各个方面：在课堂研究方面，介绍了教材研究、学生研究、课堂资源研究、教师研究四个方面的主要方法；在课堂设计方面，介绍了教案设计、学案设计、拓展案设计；在课堂创建部分，除了课堂常规之外，介绍了导入、强化、组织、试误、导出、媒体选用、语言、板书、提问、讲解、变化、演示等技能的具体方法与策略；在课堂评估方面，介绍了教师备课、听课、评课、上课以及论文写作、课题研究等全部评价指标和动态评价语言设计；在课堂升华部分，介绍了教师教育反思、文体写作、对外展示、课题研究、微课设计等方法与策略。另外，本套手册对班级管理中的技能也一并进行了详细介绍，比如，仅班级活动的设计，就介绍了从小学一年级到高中三年级每周班会的设计内容。

第二，科学性。本套手册从心理学的角度出发，用管理学的方法，提出了教师获得教育技能并最终获得职业幸福感的科学手段和方法。教师通过阅读本书，能够掌握和获得教师通识技能，从而找到自己的职业幸福感，实现自我价值。

第三，系统性。本套手册构建了教师课堂研究、课堂设计、课堂创建、课堂评估、课堂升华五个系统的具体方法，从而将教育技能形成一个综合封闭的系统。教师通过阅读本书，基本上就能解决日常教育教学中的困惑和问题。

第四，工具性。本套手册并非一般的知识介绍，而是提供了一套具体的"流程图"和一个"工具箱"，教师可以按图索骥，按表运行，它为实现教师教育技能与行为的规范性提供了"模具"。作为一套普及版的"教师技术工具箱"，本套手册在保证通俗阅读的同时，突出了可操作性的特点。教师阅读本书后，能够将其中的许多方法和观点运用于自己的教育教学实践中。

第五，动态性。本套手册按照国际流行教师培训教材的编排方式，以"图书编排模块化、版式设计轻松化、内容文字词条化"为主要版式特点，教师可以边阅读，边思考，边实践，边提升，从而使教师的图书阅读与技能提升同步完成。

毋庸讳言，由于时间紧张，加之我们的学术水平还有不少欠缺之处，本书中的分析和举例也许不成熟甚至失之偏颇，但我们希望本书的出版可以使全国中小学教师能对自己的职业技能有一个全面的有益认识，帮助广大教师真正提高自己的教育技能，从而乐享职业幸福并享受教育人生。同时，也希望本书可以抛砖引玉，使更多更好的相关论著问世。

交流改变人生，沟通连接你我。广大一线教师，如果您需要专业方面的探讨，可以通过发送电子邮件的方式来联系我，邮件的地址是：1164859826@qq.com。希望能与广大中小学青年教师们多交流、沟通，让我们共同进步。

刘正荣

二〇一九年五月于北京

目　录

第一单元　教学设计工具

基础技术通常是指教师的基本功，是每个教师都应具有的技能。在整体课堂管理中，我们把教师的基本功分为课堂设计和课堂创建两个类别。在课堂创建中，把组织和提问单列出来，并入到了关键技术中。这是因为，在今天的课堂教学中，教师的课堂提问作为培养学生高质量思维的一种有效方式，课堂组织能力作为一个系统工程，这已经成为一种教育艺术了。

课堂设计是教师必须要做的事。课堂设计是课堂研究的延伸，是对课堂研究成果的转化、具体和落实。课堂设计的核心工作是做好教师用的教案和学生用的学案设计、编写工作。整体课堂管理下的课堂设计首先要坚持所有课堂设计的一般原则，重点关注其所具有的科学规范和操作性强这两个特点。它是教师根据系统教育理论，从总体全面把握教材，以实现"教学有效、德育实效、教师发展和学生成长"目标为出发点，采用科学方法，并综合运用多种现代教育技术手段实现的。

本书所指的课堂设计也称教学设计。其主要内容除了教学设计外，还包括教学策略设计、课堂管理设计、课堂文化设计等内容，根据整体课堂管理中"德育实效"的理念，对从小学到高中阶段的班级活动设计进行了较为详细的介绍。

一、教学资源库的建设与管理

教学资源是教师增加课堂信息量的基础。要做好教学设计，教师必须建立自己的教学资源库。

教师个人的教学资源库是指教师按照一定的技术规范和课程的内在逻辑关系构建的，由具有一定意义的、优秀的数字化媒体素材、知识点素材及示范性教学案例等教学基本素材构成的，可不断进行扩充或修改的开放式教学支持系统。教师个人的教学资源库主要是供教师自己使用的。资源库中的这些与教师个人教学需求相关的多种信息内容以多种表现格式、多种存在形式，构成教师学科知识的一部分。

教师的教学资源库建设是大数据时代教师教学工作的一个重要组成部分。在大数据时代，信息技术快速推动着教育的变革，特别是网络及网络技术的普及，极大地延伸了学校教育中教与学的时空。现在，网络上各种形式的资源库虽然为教师提供了丰富的资源，激发了教师的想象力和创造力，引领教师自觉地进行课堂教学创新，但是，由于存在不同的教材体系和评价机制，加之每位教师的教学都有一定的个性，而且一些现成的资源库很难满足教师自己的教学需要，因此，教师建立个人的教学资源库是很有必要的。这不仅能丰富教师自己的教学资源，还能充分发挥教师的能动性，进行教学创新，促进教师开展教学科研工作。

1. 教师教学资源库的特点

备忘录

教师教学资源库的特点

序号	特点	释义
1	开放性	可以不断积累、不断增值
2	数据性	帮助教师对教学情况有更客观、更准确的了解
3	个性化	是一种个性化的教学资源
4	评价性	帮助实现总结性评价和过程性评价相结合的评价方式
5	多样性	能全方位培养学生的多种能力
6	激发性	能极大地激发教师学习和研究的热情
7	低价性	规模可大可小、代价低廉、容易实现

2. 主要资源类别

（1）教案

亦称教学设计，是教师为顺利而有效地开展教学活动，根据教学大纲和教科书要求，在认真分析学生实际情况之后，以课时或课题为单位，对教学内容、教学步骤、教学方法等进行的具体设计和安排的一种实用性教学文书。教案通常包括教材简析和学生分析、教学目的、教学重点难点、教学准备、教学过程及练习设计等内容。

（2）课件

是与课程内容有着直接联系，由教师根据教学大纲的要求，经过教学目标确定、教学内容和任务分析、教学活动结构及界面设计等环节，制作的各种课程软件。课件主要用于辅助教师的课堂教学，其主要形式包括计算机软件、多媒体文档及其他资源。

（3）学件

简单来说学件就是用于学习的软件。在网络环境下，学件主要指网络学件，即学习者能利用计算机网络环境进行学习的软件或参考软件。现在，许多的教材出版者都开发与教材配套的学件，教师可以直接使用。

（4）积件

是由教师和学生根据教学需要，将积件库与积件组合平台进行有机结合而组成的系统。这些积件平台软件无须程序设计就可方便地组合积件库中的各种多媒体资源，而且它面向教师，易学易用。而积件库中的多媒体资料库、微教学单元库、资料呈现方式库、教与学策略库、网上环境积件资源库等，都为师生利用积件组合平台制作教学软件提供了充足的素材来源和多种有效途径。

（5）素材

指教师从现实生活中搜集到的、未经整理加工的、感性的、分散的原始材料，也包括课本上的文本、图片及物体等一切可以利用来为教学服务的材料。

（6）论文

指用来进行科学研究和描述科研成果的文章，它既是探讨问题进行科学研究的一种手段，又是描述科研成果进行学术交流的一种工具。

（7）试题

是用于考试的题目，它是命题者按照一定的考核目的编写出来的，要求被考者按照标准回答。

（8）课堂实录

是对一节课的师生活动进行真实记录或实时记录的文本或音视频。课堂实录有整堂课的，也有片段的。

其他概念，如电视节目实录、活动录像、电影及视频剪辑、教育教学政策法规、新型教学法、课题实验资料、各类教学及教研管理的评估方法等，较容易理解，就不再介绍了。

二、教师教学资源库建设

1. 教学资源的获取方法

（1）购买

一些现成的教学资源可以通过直接购买的形式获得，如试题、教学课件等。但由于教师个人的教学资源库是属于教师自己的东西，因此，教师在购买成品资源库时一要考虑所购买资源的成本是否超出自己的承受能力；二要考虑所购买资源的时效性，即这些资源是否过时了；三是要注意，当课程和教材发生变化时，自己所购买的资源是否已经调整更新。

（2）自做

教师可以自己制作、收集课件与素材等资源。例如，教师可以随身带一个数码相机，把一些平常观察到的有意义、有意思的东西拍下来，作为教学素材使用。

（3）下载

即在网络上直接下载自己所需要的资源。下载时，一要注意使用各种高效下载工具；二要避开白天网络使用的高峰时段，充分利用晚间、休息日等轻负荷时段下载。

（4）共享

即与同事、朋友，特别是同一学科的教师之间建立合作关系，进行分工合作和交换，可达到事半功倍的效果。

2. 教学资源的格式要求

（1）文本素材要求

存储格式一般为 Word、WPS 等。也可以把教学中要用到的一些文字背景资料输入电脑，保存成 HTML 格式。

（2）图形、图像要求

彩色图像的颜色数不少于 256 色，扫描分辨率不低于 72dpi。图片应转换成 JPEG 或 GIF 格式，使文件变小，易于存储和传送。

（3）音频素材要求

数字化音频的采集频率不低于 11KHz，存储格式为 WAV、MP3、MIDI 或流式音频格式，数字化音频以 WAV 格式为主，用于欣赏的音乐为 MP3，MIDI 设备录制的音乐使用 MIDI 格式，语音采用标准的普通话配音。

（4）视频素材要求

主要格式有 AVI 格式、QuickTime 格式、MPEG 格式。在网上实时传输供实时教学使用的视频类素材采用流式媒体格式（RM、WMA、ASF）。

（5）动画素材要求

存储格式一般为 GIF 格式、Flash 格式和 AVI 动画格式。

（6）课件要求

课件是对一个或几个知识点实施相对完整教学的软件。单机上运行的课件，必须能够运行于 Windows 9x 以上的版本且课件运行没有故障。

（7）案例

统一制作成电子案例，如 HTML 网页。

（8）资源目录索引

列出某一领域中相关的网络资源地址链接和非网络资源的索引，与网上的课程链接接应正确，且能与网上的课程进行同步更新。

（9）文献资料要求

应符合文本素材最低的技术要求。

（10）常见问题解答要求

问题解答中的有关媒体素材符合媒体素材库的要求。问题要具有典型性、普遍性和实际参考价值，包括问题的正文、问题的解答、参考资料和关键词等内容。

3. 教学资源库的创建

（1）分类

为了便于资源库的利用和管理，最好的办法就是在建立资源库的开始阶段就先分门别类地建立各级目录。这是利用电脑搜集和整理资料的很好的习惯，教师可以根据自己的教学需要来建立，这样做最大的好处是便于资源的管理和利用。

工具箱

教师个人教学资源库创建目录

一级 标题	二级 标题	三级 标题	四级 标题	五级 标题	六级 标题	七级 标题
学科名	一年级	第一单元	第一课	教案	名师教案	
					特色教案	
				课件	名师课件	
					特色课件	
				学件		
				积件	多媒体资源库	
					微教学单元库	
					资料呈现方式库	
					教与学策略库	
					网上环境积件资源库	
				素材	文字	
					图片	
					音频	
					视频	
					动画	
					表格	
					公式	
					曲线	
					其他	
				论文	专题（素材）研究	
					教法研究	
				试题	高（中）考试题	
					课后练习	
				课堂实录	整体	
					片段	

第一单元 教学设计工具

续 表

一级标题	二级标题	三级标题	四级标题	五级标题	六级标题	七级标题
学科名	一年级	第一单元	第一课	其他	电视节目实录	
					活动录像	
					电影及视频剪辑	
					教育教学政策法规	
					新型教学法	
					课题实验资料	
					各类教学评估方法	
					教研管理评估方法	
			第二课	教案	名师教案	
					特色教案	
				课件	名师课件	
					特色课件	
				……		
			第三课	……		
		第二单元	……			
	二年级	……				
	三年级	……				

（2）资源入库

教师在自己的电脑上建立好资源库目录后，接下来，最重要的工作就是不断地充实自己的资源库了。这是一个日积月累的过程，但很简单，就是把自己得到或找到的资料保存到相应的文件夹里，集腋成裘，很快你就会拥有自己的资源库了。

教师要每天抽出一点时间，对资源进行整理、更新、交流和备份。定期备份是防止资料意外丢失的好习惯，把资料刻录到光盘中也是很好的办法。交流，既可以与同事交流共享，更可以在网上进行交流共享，如果有一天有了自己的网站，为同道搭建一个交流的平台，你的资源库就有"源头活水"了。

三、教学资源库的利用

建立教学资源库的目的是最大限度地使用资源库。由于教师在建立资源库的过程中，使教材被多媒体化了，因此，教师建立资源库的过程，实际上也是教师对自己的课程资源进行丰富和开发的过程。这将有利于教师教学的个性化和学生学习的自主化，从而改变传统的课堂教学。

教学资源库的利用主要有三个方面：

（1）及时更新教材内容

教材在相当长的一段时间内，其内容一般会保持不变。但像语文、历史、地理这样的学科，如果没有紧贴时代的内容，学生就难以对学科产生兴趣。这个时候，教师的教学资源库就可以通过获取新的学科信息的方式，来弥补教材内容更新慢的不足，如现在的"中国梦""一带一路"等内容，就会让学生感受到学科的时代气息，体味到这门课的"有用性"。

（2）丰富课堂形式

教学资源库增加了教学内容的表现方式，使课堂的亲和力得到增强，如在地理学科中，像地球的运动、大气的运动、人口、资源、环境与发展等人类社会的变化内容，有了教学资源库，教学内容的表现方式就能融动态性、现实性、趣味性为一体，大大增强了课堂的亲和力，有利于提高学生学习的兴趣。

（3）适合专题探究

在教学中，教师往往会结合社会热点问题，通过制作专题的手段激发学生的学习兴趣和探究热情，资源库可以避免学生盲目的"网络漫游"，引导学生为了某一个专题而上网，利于引导学生自主学习。

动手做

以自己所教学科为例，建立一个学科资源库目录。

第二单元 课堂设计工具

课堂设计就是把自己的课堂研究成果梳理出来，并将其运用于教学实践。课堂设计是课堂研究的延伸，是对课堂研究成果的转化、具体和落实。

课堂设计是运用系统科学的方法，对教学目标、教学内容、教学媒体、教学策略、教学评价等教学要素和教学环节进行计划并做出具体安排的过程。我们把课堂设计成为课堂蓝图，就是将课堂研究成果具体化的过程。在课堂设计中，使教学研究成果得到充分的应用，并在设计过程中进一步发现研究的问题和不足，及时进行修正。

课堂设计的核心工作是做好教师用的教案和学生用的学案设计、编写工作。整体课堂管理下的课堂设计首先要坚持所有课堂设计的一般原则，重点关注其所具有的科学规范和操作性强这两个特点。它是教师根据系统教育理论，从总体全面把握教材，以实现"教学有效、德育实效、教师发展和学生成长"目标为出发点，采用科学方法，并综合运用多种现代教育技术手段实现的。

一、课堂设计的内容

课堂设计的内容非常广泛，涵盖了教育教学的全部内容，在整体课堂管理中，我们重点进行以下几个方面的设计：教学理论设计、教学背景设计、教学目标设计、教学过程设计、教学效果评价设计。为了体现整体课堂管理中"德育实效"的理念，还要进行班级活动设计。

备忘录

课堂设计的主要内容

序号	设计内容	释义
1	教学理论设计	也称指导思想及理论依据设计。通过教学理论设计，使教师明确课堂设计的指导思想、说清本学科的学科思想、课程标准与本课特点以及学科思想、课程标准在本堂课是如何具体实现的。其目的是让教师明确自己这堂课的设计思路，做到方向正确，有的放矢。
2	教学背景设计	根据课堂前期的研究成果，进行教材分析、学生分析、教师分析和课堂能占有的资源分析，也就是先搞清楚这四个基本情况，再根据这四点来确定教学目标、方法和手段等。
3	教学目标设计	精准的学习目标设计。
4	教学过程设计	包括教学内容设计、组织形式设计、教学方法设计、重点难点处理设计、知识构建设计、练习题选择设计、媒体选用设计、教学环境与教学活动设计等方面内容。
5	教学效果评价设计	即对照教学目标，进行教学总结设计，包括学生学习效果评价设计、教师教学效果评价设计和师生发展评价设计。主要目的是了解课堂管理目标是否达到，并为课堂管理设计的修正和完善提供依据。课堂管理效果评价设计要突出反思，而且是要有批判精神的反思。
6	班级活动设计	教师应当重视班级活动的研究，并组织学生经常开展丰富多彩的活动。

二、课堂设计的流程

1. 课堂设计的总流程

流程图

课堂设计流程图

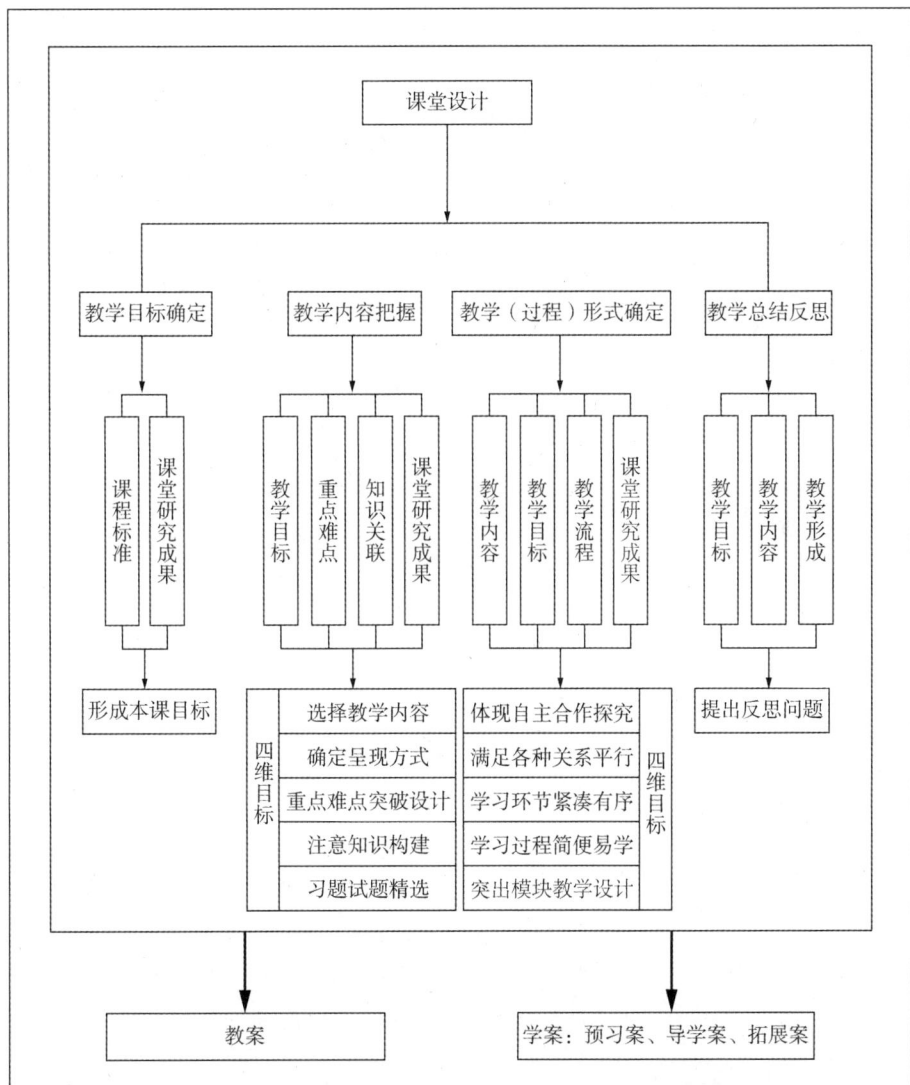

```
                          ┌──────────┐
                          │  课堂设计 │
                          └────┬─────┘
                               │
        ┌──────────────┬───────┴───────┬──────────────┐
        ▼              ▼               ▼              ▼
  ┌──────────┐  ┌──────────┐   ┌──────────────┐ ┌──────────┐
  │教学目标确定│  │教学内容把握│   │教学（过程）形式确定│ │教学总结反思│
  └────┬─────┘  └────┬─────┘   └──────┬───────┘ └────┬─────┘
```

教学目标确定	教学内容把握	教学（过程）形式确定	教学总结反思
课程标准 / 课堂研究成果	教学目标 / 重点难点 / 知识关联 / 课堂研究成果	教学内容 / 教学目标 / 教学流程 / 课堂研究成果	教学目标 / 教学内容 / 教学形成
形成本课目标			提出反思问题

四维目标		四维目标
选择教学内容	体现自主合作探究	
确定呈现方式	满足各种关系平行	
重点难点突破设计	学习环节紧凑有序	
注意知识构建	学习过程简便易学	
习题试题精选	突出模块教学设计	

教案	学案：预习案、导学案、拓展案

2. 课堂设计的一般过程

（1）教学理论设计

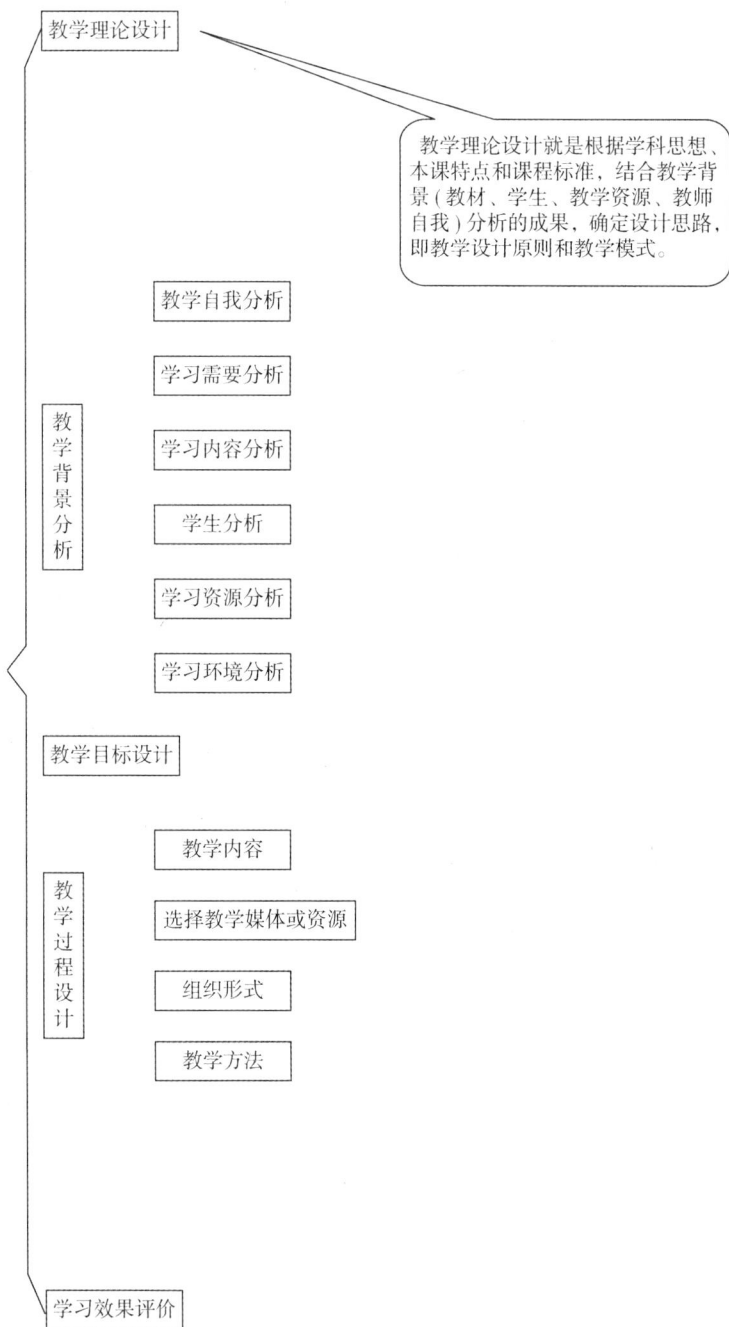

教学理论设计

教学理论设计就是根据学科思想、本课特点和课程标准，结合教学背景（教材、学生、教学资源、教师自我）分析的成果，确定设计思路，即教学设计原则和教学模式。

教学自我分析

学习需要分析

学习内容分析

学生分析

学习资源分析

学习环境分析

教学背景分析

教学目标设计

教学内容

选择教学媒体或资源

组织形式

教学方法

教学过程设计

学习效果评价

（2）学习需要分析

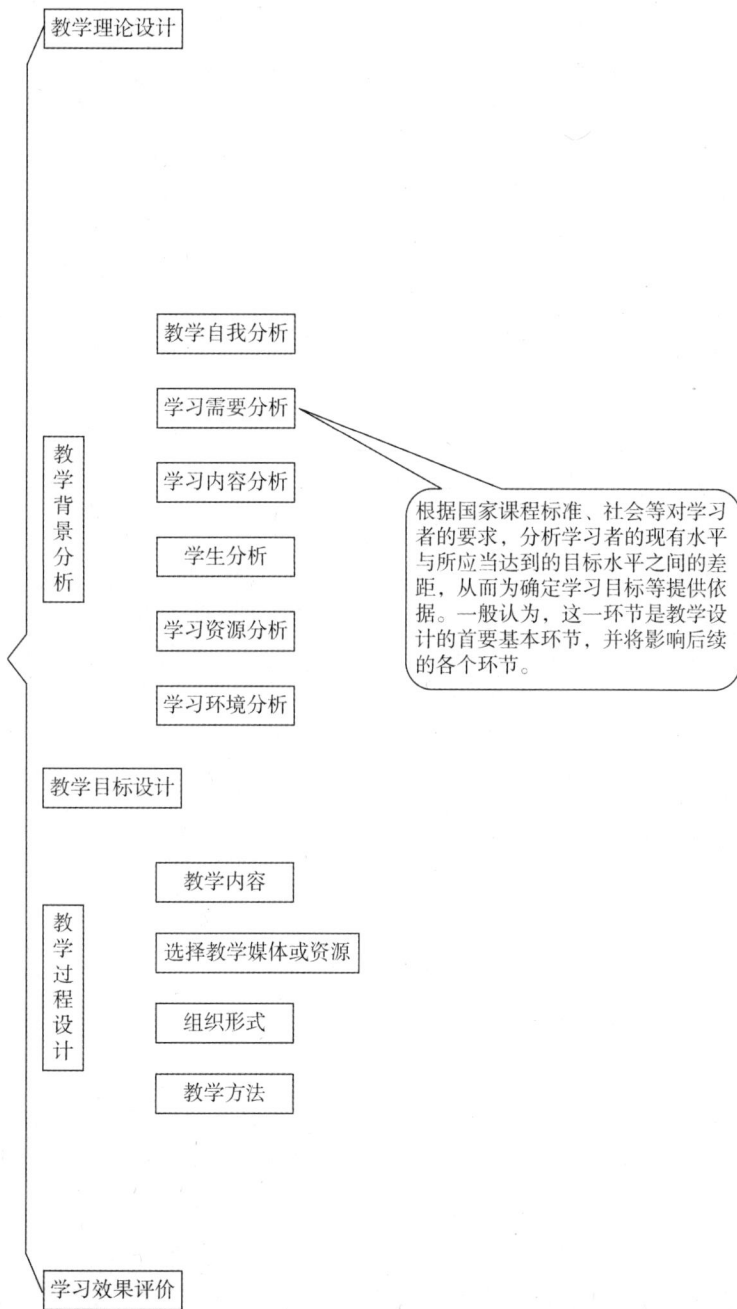

```
教学理论设计


                    教学自我分析

                    学习需要分析 ──┐
教                                  │
学                  学习内容分析     │
背                                  ┌─────────────────────────┐
景                   学生分析       │根据国家课程标准、社会等对学习│
分                                  │者的要求，分析学习者的现有水平│
析                 学习资源分析      │与所应当达到的目标水平之间的差│
                                    │距，从而为确定学习目标等提供依│
                   学习环境分析      │据。一般认为，这一环节是教学设│
                                    │计的首要基本环节，并将影响后续│
                                    │的各个环节。                 │
教学目标设计                        └─────────────────────────┘


                    教学内容
教
学                选择教学媒体或资源
过
程                   组织形式
设
计                   教学方法


学习效果评价
```

（3）学习内容分析

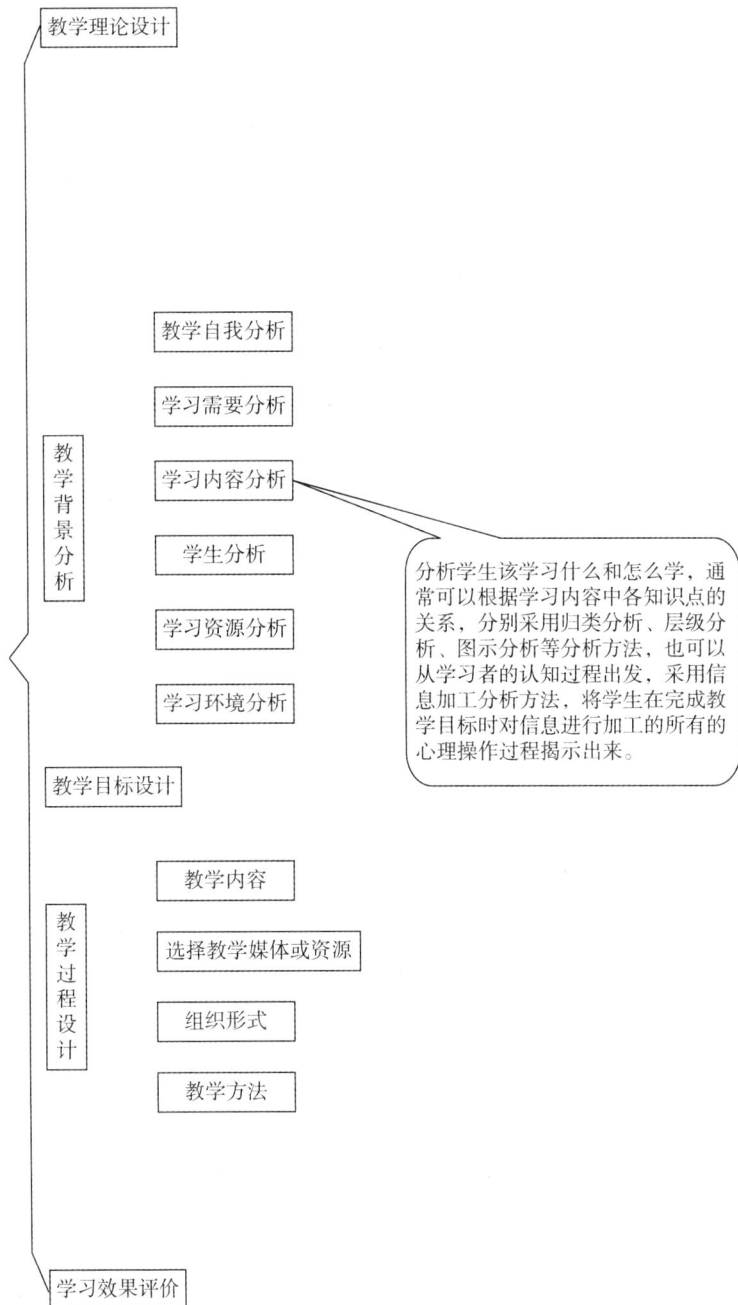

```
教学理论设计
    │
    │
    ├── 教学背景分析
    │       ├── 教学自我分析
    │       ├── 学习需要分析
    │       ├── 学习内容分析
    │       ├── 学生分析
    │       ├── 学习资源分析
    │       └── 学习环境分析
    │
    ├── 教学目标设计
    │
    ├── 教学过程设计
    │       ├── 教学内容
    │       ├── 选择教学媒体或资源
    │       ├── 组织形式
    │       └── 教学方法
    │
    └── 学习效果评价
```

分析学生该学习什么和怎么学，通常可以根据学习内容中各知识点的关系，分别采用归类分析、层级分析、图示分析等分析方法，也可以从学习者的认知过程出发，采用信息加工分析方法，将学生在完成教学目标时对信息进行加工的所有的心理操作过程揭示出来。

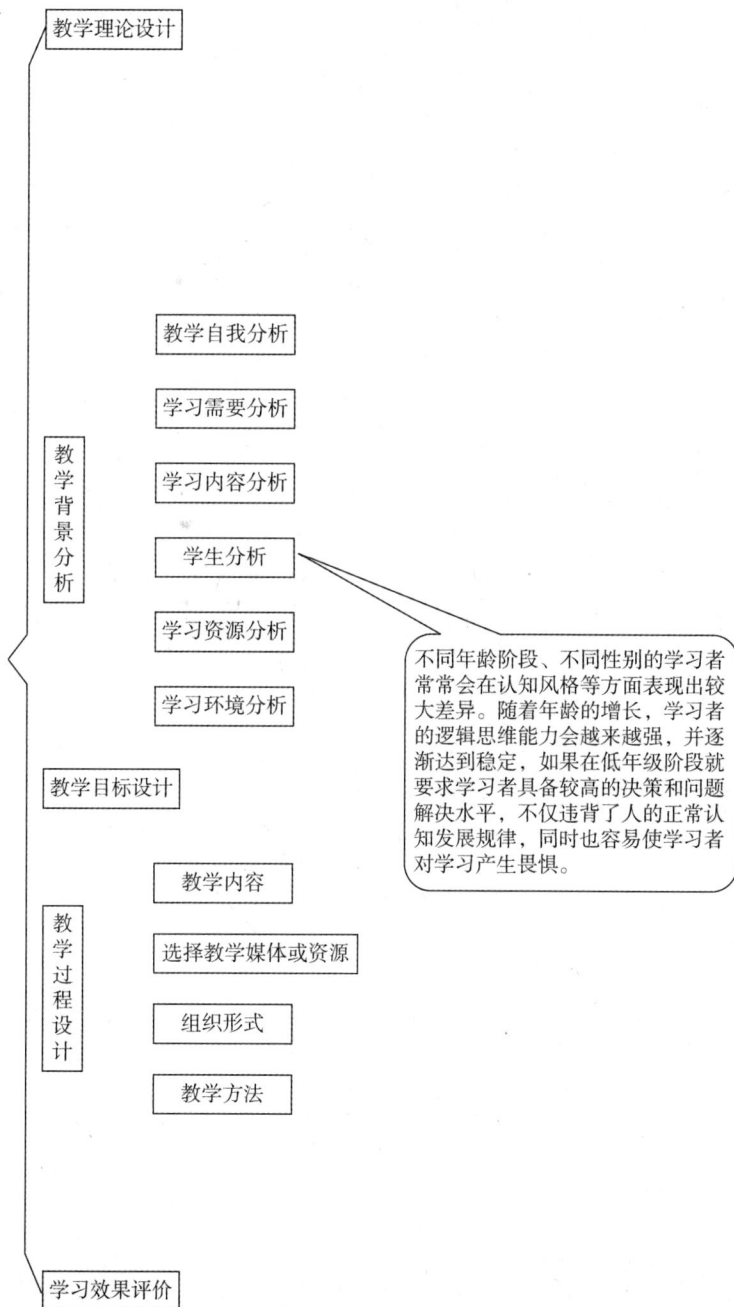

（4）学生分析

```
教学理论设计

                教学自我分析

                学习需要分析

        教     学习内容分析
        学
        背     学生分析
        景
        分     学习资源分析
        析
                学习环境分析

        教学目标设计

                教学内容

        教     选择教学媒体或资源
        学
        过     组织形式
        程
        设     教学方法
        计

        学习效果评价
```

不同年龄阶段、不同性别的学习者常常会在认知风格等方面表现出较大差异。随着年龄的增长，学习者的逻辑思维能力会越来越强，并逐渐达到稳定，如果在低年级阶段就要求学习者具备较高的决策和问题解决水平，不仅违背了人的正常认知发展规律，同时也容易使学习者对学习产生畏惧。

（5）学习环境分析

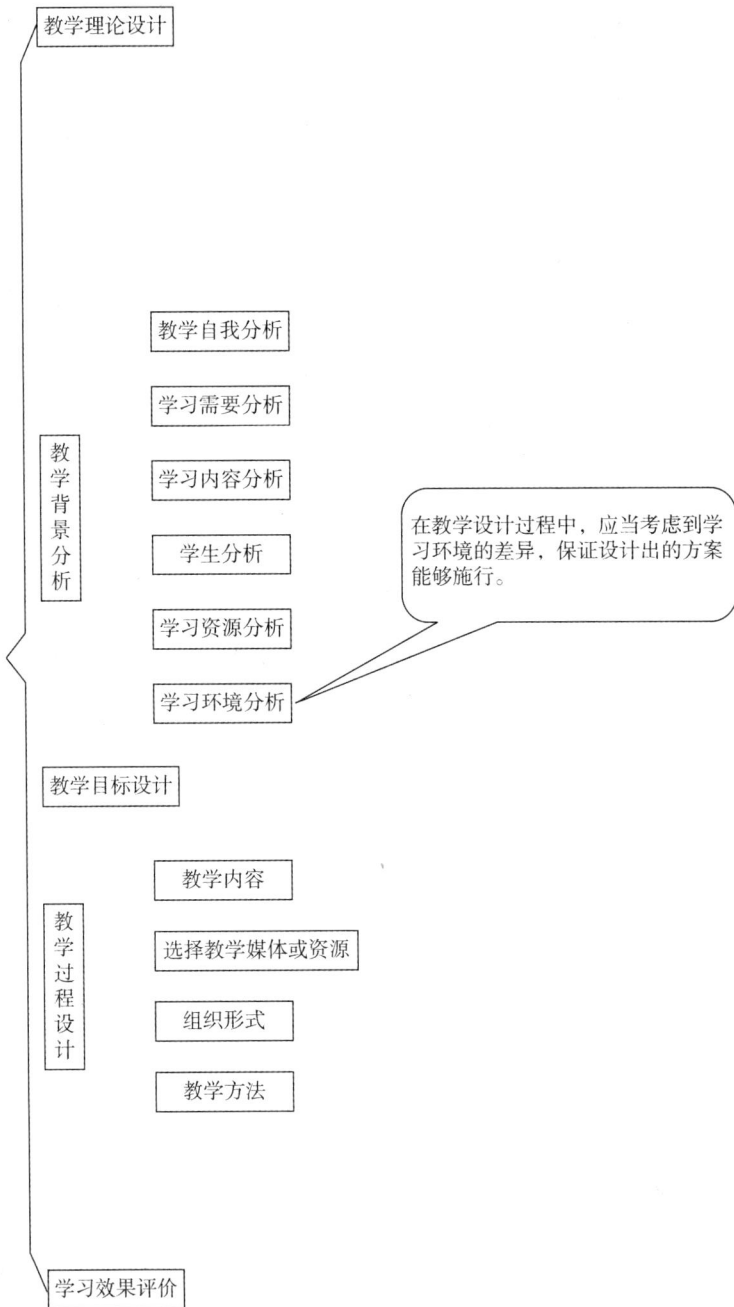

教学理论设计

教学背景分析

教学自我分析

学习需要分析

学习内容分析

学生分析

学习资源分析

学习环境分析

在教学设计过程中，应当考虑到学习环境的差异，保证设计出的方案能够施行。

教学目标设计

教学过程设计

教学内容

选择教学媒体或资源

组织形式

教学方法

学习效果评价

（6）教学目标设计

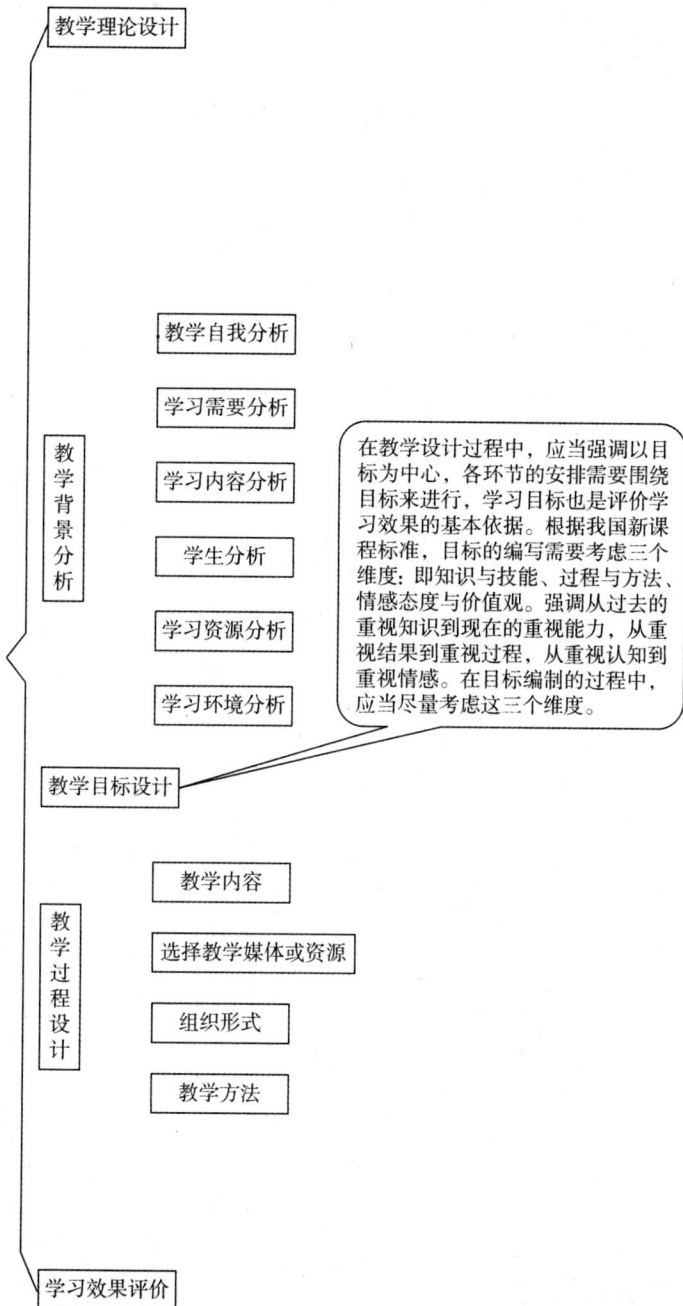

教学理论设计

教学背景分析
- 教学自我分析
- 学习需要分析
- 学习内容分析
- 学生分析
- 学习资源分析
- 学习环境分析

教学目标设计

> 在教学设计过程中，应当强调以目标为中心，各环节的安排需要围绕目标来进行，学习目标也是评价学习效果的基本依据。根据我国新课程标准，目标的编写需要考虑三个维度：即知识与技能、过程与方法、情感态度与价值观。强调从过去的重视知识到现在的重视能力，从重视结果到重视过程，从重视认知到重视情感。在目标编制的过程中，应当尽量考虑这三个维度。

教学过程设计
- 教学内容
- 选择教学媒体或资源
- 组织形式
- 教学方法

学习效果评价

（7）教学方法（设计）

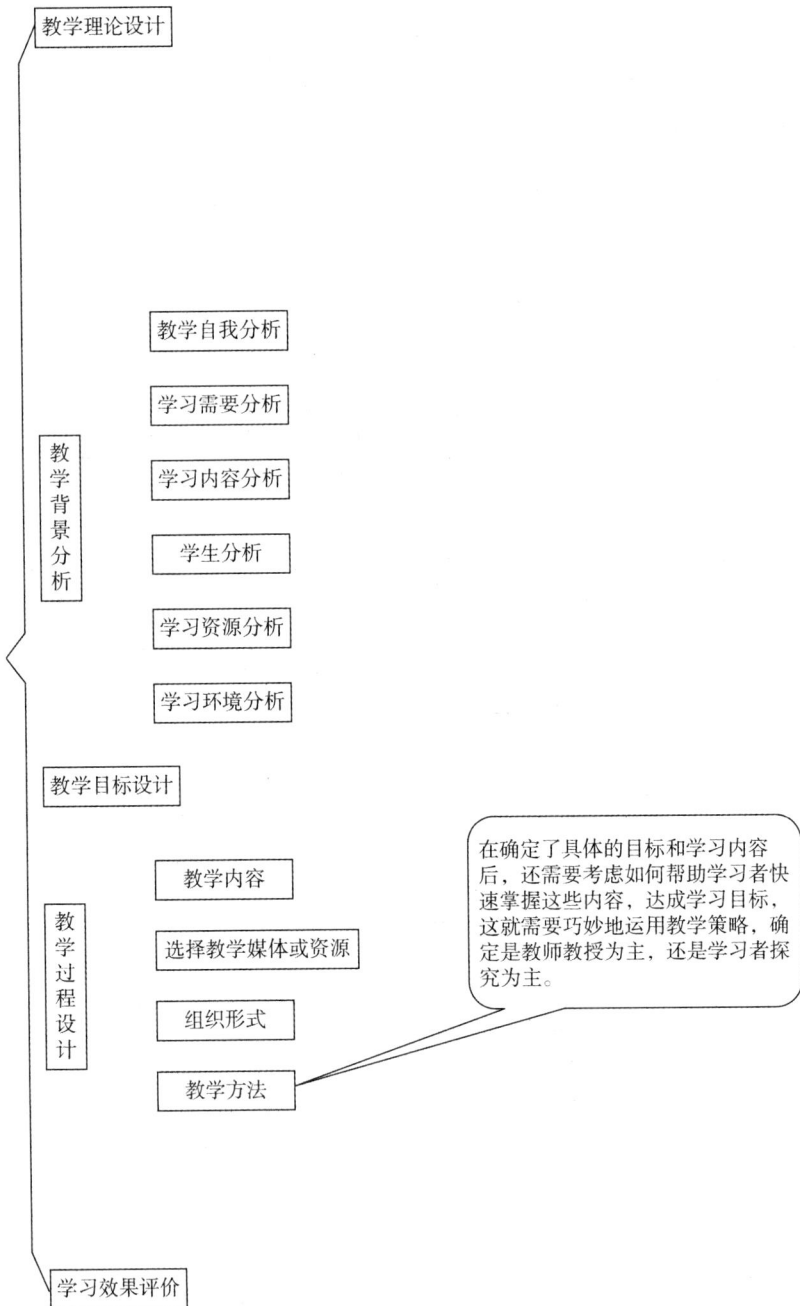

教学理论设计

教学背景分析
- 教学自我分析
- 学习需要分析
- 学习内容分析
- 学生分析
- 学习资源分析
- 学习环境分析

教学目标设计

教学过程设计
- 教学内容
- 选择教学媒体或资源
- 组织形式
- 教学方法

> 在确定了具体的目标和学习内容后，还需要考虑如何帮助学习者快速掌握这些内容，达成学习目标，这就需要巧妙地运用教学策略，确定是教师教授为主，还是学习者探究为主。

学习效果评价

（8）选择教学媒体或资源

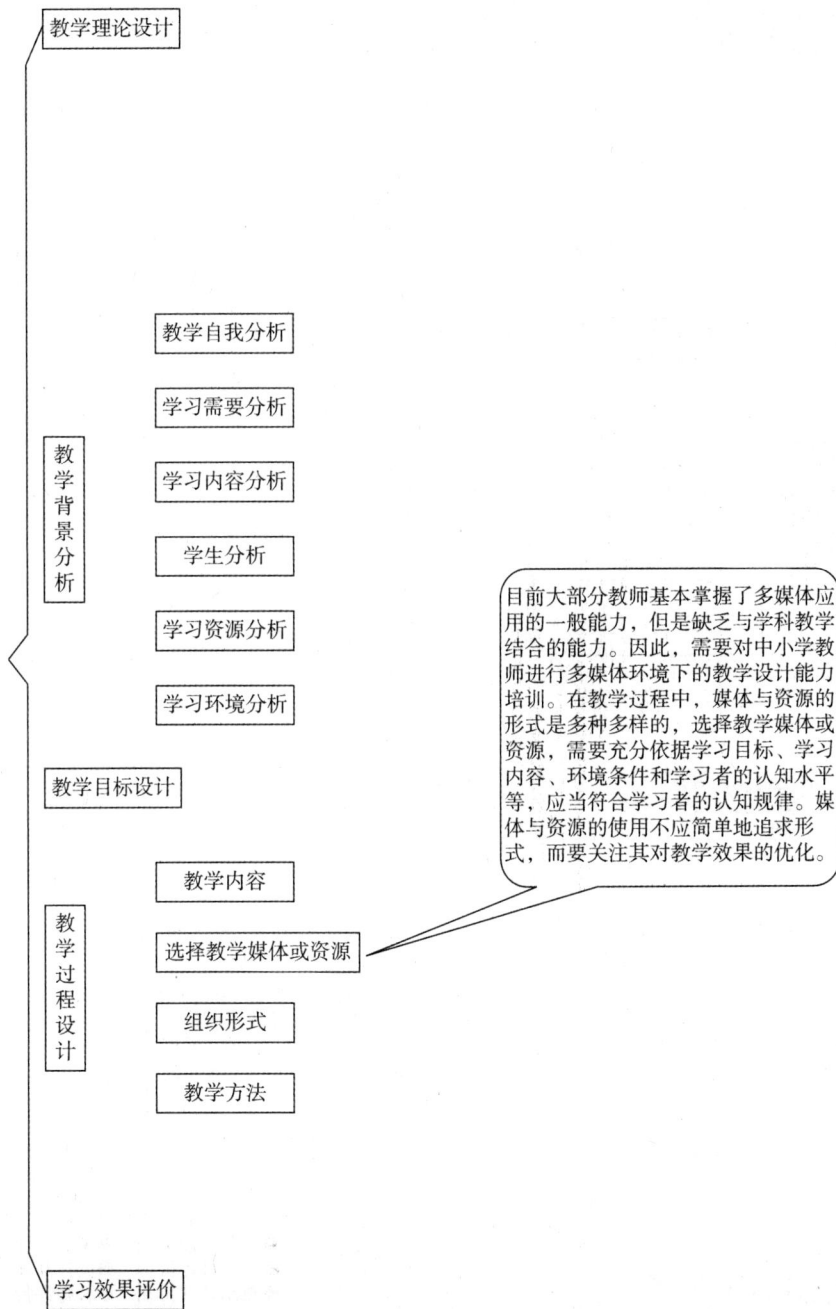

教学理论设计

教学自我分析

学习需要分析

学习内容分析

学生分析

教学背景分析

学习资源分析

学习环境分析

教学目标设计

教学内容

教学过程设计

选择教学媒体或资源

组织形式

教学方法

学习效果评价

目前大部分教师基本掌握了多媒体应用的一般能力，但是缺乏与学科教学结合的能力。因此，需要对中小学教师进行多媒体环境下的教学设计能力培训。在教学过程中，媒体与资源的形式是多种多样的，选择教学媒体或资源，需要充分依据学习目标、学习内容、环境条件和学习者的认知水平等，应当符合学习者的认知规律。媒体与资源的使用不应简单地追求形式，而要关注其对教学效果的优化。

（9）学习效果评价

```
教学理论设计
```

```
        ┌─ 教学自我分析
        │
        ├─ 学习需要分析
        │
  教学  ├─ 学习内容分析
  背景  │
  分析  ├─ 学生分析
        │
        ├─ 学习资源分析
        │
        └─ 学习环境分析
```

```
教学目标设计
```

```
        ┌─ 教学内容
        │
  教学  ├─ 选择教学媒体或资源
  过程  │
  设计  ├─ 组织形式
        │
        └─ 教学方法
```

> 评价学习效果，不应只看学习活动的最终结果，还需要考虑学习过程，同时还要避免滑向只重视过程而忽视结果的另一个极端。目前，运用学习档案袋来支持学习效果评价的方式已引起很多学者的关注。

```
学习效果评价
```

●诊断性评价	●学员自评
●过程性评价	●同伴互评
●总结性评价	●教师评价

课堂设计的最后呈现结果为教案和学案。教案是供教师使用的课堂行为规范和管理预案，学案是供学生使用的课堂学习行为规范，包括预习案、导学案、拓展案等。所有的课堂设计都不能目标单一，应按照课程标准，把培养学生核心素养的目标贯彻下去。

首先，要重视研究不同课程之间差异。因为，不同课程之间，课堂教学设计的主要依据是不同的，对学生的学习目标要求不同，而且，课堂教学方法和学法也不一样。因此，要紧紧服从教学目标的需要，围绕教学目标来选择教学方法和学习方法。

其次，要关注教学目标对教学设计的影响，如探究型课程是以课题为载体来开展教学的，学生围绕着课题中的问题，通过收集信息、分析信息和处理信息，去发现问题和解决问题。因此，选题非常重要，如果课题选择得不好，对教学目标就会有直接影响。

第三，要注意对不同年级学生的要求应不一样，如对不同年级学生的方法掌握要求应有所不同，多次重复使用的方法，同样的方法在不同年级的使用要求应有所不同等。教师在进行教学设计时，针对不同年级学生的学习目标、要求、方法，应有所侧重或不同，这要明确落实在教学目标之中，有利于对学生能力的培养。

第四，要注意把德育目标"无痕迹"地渗透到学科中去。

在进行课堂设计时，要避免两种倾向：一是脱离教材，另起炉灶；二是以书为本，照本宣科。

三、学科思想

学科思想是由学科专家提出的对学科发展和学科学习最具影响力的观念、思想和见解。例如，数学学科中的数形结合思想、化学学科中的守衡思想、生物学科中的辩证思想等。学科方法是根据学科内在的规律和特点，总结和归纳出来的思维方法、研究方法与学习方法。例如，数学学科中的化归法和化学学科中的等效法等。

一般而言，学科思想对学科方法起着指导作用，学科方法则是学科思想的具体化反映。但学科思想与学科方法没有确定的界限，如数学中的"数形结合"，既是一种学科思想，又是一种学科方法，因而人们通常将学科思想与学科方法统称为学科思想方法。

在中小学学科教学中，一些教师会忽视学科思想方法的教学：他们强调知识的教学，却让学生的知识学习陷入庞杂、零散而缺乏整合的境地；强调解题技巧的训练，却让学生的技能学习停留于浅表、机械的水平而缺乏创造。这一点，在整体课堂管理中，必须得到改变。

备忘录

中小学部分学科的主要学科思想方法

序号	学科名称	学科思想方法	简释
1	语文	概括和分析	即培养学生先总后分的思维能力，集中体现在语文试卷的文本阅读题中。

续 表

序号	学科名称	学科思想方法	简释
1	语文	类化教学	学生只有建立了"类"特征，才能在以后的学习中迁移运用，所学的内容才是有意义的。
		语境意识	语境意识是语文中最重要的思维方式，也是解决一切语言问题的出发点和落脚点。
		基础性和工具性	既要培养学生听、说、读、写的语文能力，还要使学生掌握一定的语文知识。
		人文性和思想性	既要培养学生的精神、品质和对语文的感情，还要培养创新精神，提高文化品位等。
		开放性和多样性	不但内容上具有开放性，教学方式上也应具有多样性。
		实践性和应用性	听、说、读、写等既是语文的实践活动，也是语文的应用。
		地方性和区域性	不同地区的语言、风俗、文化等差异很大，直接影响语文的学科教学。
		探究性和创造性	学习的过程，是探究的过程，也是创造的过程。
		时代性和超前性	语文既反映历史也反映现实，具有很强的时代性，语文也属于先进文化的内容。
2	数学	转化与化归	数学中充满着各种矛盾，如繁和简、难和易、未知和已知等，通过转化可使矛盾得到解决。

续　表

序号	学科名称	学科思想方法	简释
2	数学	函数与方程	从实际问题中抽象出数量关系的特征，建立函数关系，从而研究变量的变化规律。方程思想是在解决问题时先设未知数，再列出方程求解。
		分类讨论	根据问题的要求，确定分类的标准，对研究的对象进行分类，然后对划分的每一类分别求解，最后综合得出结论。
		数形结合	将数量关系和空间图形结合起来，抽象思维和形象思维结合起来，把数量关系转化为图形性质，用几何方法解决代数问题，反之亦然。
		建立数学模型	即运用数学知识解决实际问题。首先要把实际问题转化为数学问题，从实际问题中找出等量关系，然后根据数学模型来解决实际问题。
		从一般到特殊	先一般后特殊，在共性中寻找特性，是探索知识的主要方法。
3	物理	模型概括	物理学科研究的是自然界物质的结构和最普遍的运动形式，先要抓住其主要特征，以模型概括复杂事物，是对复杂事物的简化。

续　表

序号	学科名称	学科思想方法	简释
3	物理	观察和实验	物理学以实验为基础。观察和实验是获得感性材料，探索物理规律，认识物理世界的基本手段，也是检验物理理论真理性的唯一标准。
		等效思想	等效，即等效替代，是在保证效果相同的前提下，将一个复杂的物理问题转换成较简单问题的思维方法。例如，合力与分力。
		图形图像图解法	即将物理现象或过程用图形图像表示出后，再根据图形表征的特点或图像斜率、截距、面积所表述的物理意义来求解的方法。
		极限思维方法	即重点关注一些物理量在连续变化过程中的变化趋势，对问题进行分析和推理的思维方法。
		平均思想方法	若某个物理量是变化的，在求解积累量时可将其整个积累过程看作是恒定的平均值，从而通过求积的方法来求积累量。例如，平均速度。

第二单元　课堂设计工具

序号	学科名称	学科思想方法	简释
3	物理	猜想与假设法	在研究对象的物理过程不明了或物理状态不清楚的情况下，假设出一种过程或状态，再根据题设所给的条件做出判断的一种方法。
		整体法和隔离法	整体法是把多个物体看作一个整体或多个过程看作整个过程的方法；隔离法是把单个物体作为研究对象或只研究一个孤立过程的方法。
		临界问题分析法	指一种物理过程或状态转变为另一种物理过程或状态时，处于两种过程或两种状态分界处的问题。解决临界问题，关键是找出临界条件。
		对称法	物理问题中有一些物理过程或是物理图形是具有对称性的。利用物理问题的这一特点求解，可使问题简单化。
		守恒量法	指在物理变化过程或物质的转化迁移过程中，一些物理量总量不变的现象或事实，这是一种解决物理问题的基本思想方法。

续　表

序号	学科名称	学科思想方法	简释
4	化学	分类思想	为使知识系统化而进行的知识分类，主要有：由小到大，由表及里，由现象到本质三种分类方法。
		守衡思想	包括质量守恒、能量守恒、电子守恒。
		动态平衡思想	
		观察和实验	化学结论大多是从实验中产生的，因此化学以实验为基础。
		程序化思想	解决问题前要考虑问题的背景、研究和解决问题的程序、问题解决后成果的表述方法。
		发现规律思想	在相似中找差别，在差别中找变化规律。
		定性到定量思想	化学中的问题，既要做定性的描述，也要做定量的分析。
		物质结构决定性质	学习某物质性质前，通过分析其组成和结构来推测该物质的性质，然后通过实验进行验证。
		微观宏观互相转化	将宏观现象转变到微观领域中去认识和分析。
		等效法	
		终态法	
		抽象到具体	将难以把握而又存在的复杂关系问题转变为直接的具体问题去思考。

续 表

序号	学科名称	学科思想方法	简释
5	生物	进化	生物是怎么来的？是怎样进化的？进化的机制是什么？进化的结果是什么？
		生态学	生物存在于一定的环境中；生物的生存受环境的影响；生物与环境间相互作用；生态系统；生物圈……
		辩证思想	
		自组织思想	
		系统与控制	
		适度与平衡	
		人与自然	
6	地理	地图表述	将地理学科的主要思想方法用图表表述并进行结构化链接，寻找地理学科最基本的知识元素，再与地理思想方法建立联系。
		分析与综合	
		人地关系和谐	
		可持续发展	

动手做

请你谈谈学科思想的作用是什么？

四、教学设计

（一）教学理论与内容设计

1. 教学理论设计工具

（1）教学理论设计工具表

工具箱

教学理论设计工具表

序号	项目与类别	引用		拓展与应用
1	学科思想与方法			
		小结		
2	课程标准	课程性质		
		课程基本理念		
		课程设计思路		
		总体目标与内容		
		学段目标与内容		
		教学建议		

序号	项目与类别	引用		拓展与应用
2	课程标准	评价建议		
		教材编写建议		
		课程资源开发与利用的建议		
		附件		
		小结		
3	本课特点	本节内容在教材中的地位和作用		
		本课在知识点结构中处于什么位置？学习本节课的内容对学生学习其他知识的意义在哪里？		
		学生学习本节课的主要困难在哪里？		
		其他		
		小结		
4	设计思路	课堂基本结构		
		课堂基本形态		
		课堂基本方法		
		主要媒体及设备		
		其他		
		小结		

（2）教学理论设计工具表使用说明

①引用

引用指从课程标准、学科研究成果中获得的关于学科思想、课程标准和本学科、本堂课的研究成果和说明。例如，在上某一节数学课时，如果这节课的主要内容是解方程，那么其学科思想肯定就是函数与方程了，对应的数学方法就应该想到分析、综合等数学思维方法和配方法、换元法、消元法、代入法等数学解题方法。

②拓展与应用

拓展与应用是指如何将引用的内容与本科、本课结合，即学科思想如何在本节课上体现？课程标准如何在本节课上予以落实？本堂课的特点如何在课堂教学中体现？

③设计思路

设计思路就是根据上面的分析，依据心理学与教育学上的有关思想以及相关理论，提出初步的设计思路：课堂基本结构、形态等。

教学理论设计也称为教学指导思想及理论依据设计。现在，许多教师不喜欢理论，认为教学理论太假、太空，没有实际意义，这种想法是完全错误的。事实上，教师脑子里如果没有一套正确的理论在支撑，那么一定有一套错误的理论在影响其教学行为。

通过教学理论设计，使教师明确课堂设计的指导思想，说清本学科的学科思想、课程标准与本课特点，明确学科思想、课程标准在本堂课是如何具体实现的。其目的是让教师明确自己这堂课的设计思路，做到方向正确，有的放矢。

动手做

请结合上面的内容，谈谈你对教学理论的认识和理解。

2. 教学内容设计工具

教学内容设计是教学设计的一项重要内容。教学内容设计是教师对根据教学目标选定的教学内容进行的恰当安排，使之既合乎学科知识本身内在的逻辑序列，又合乎学生认识发展的顺序，从而把教材的知识结构和学生的认知结构很好地结合起来。由此看来，教学内容的设计过程也就是教师认真分析教材、合理选择、组织教学内容以及合理安排教学内容的表达或呈现过程。

教学内容本身是集中体现在教科书中的，但由于教科书的编排和编写要受书面形式等因素的限制，因此，教科书所呈现的知识内容和知识结构不一定完全切合教学的实际需要，是"死"的材料，这些材料必须经过教师的再选择、再组织、再加工，才能变为活知识，并最终有效地内化为学生掌握的知识。因此，教学内容的设计直接决定实际的教学效果。

教学内容的选择，一要根据教学目标、教学对象来选择。二要注意选择"策略性知识"，即关于如何学习的知识、探究性的知识，以便在教学过程中对学生进行学法指导，使学生学会，而且会学。三要注意选取的教学内容应体现科学性、基础性、发展性、可接受性、时代性、多功能性等特点。

教学内容设计的基本方法主要有三个：

（1）根据陈述性知识的特点进行教学设计

陈述性知识分三种形式：一是有关事物的名称或符号的知识。例如，外语单词的学习；二是简单命题知识或事实知识。例如，三角形有三条边；三是有意义命题的组合知识。例如，陈述太平天国运动失败的原因。根据陈述性知识的特征进行教学设计，有利于知识的贮存、提取和回忆。其设计的教学目标主要在于培养学生的记忆能力。教师通过在课堂教学中要求学生口头或书面陈述学到的知识，即可检查学生是否形成了这种能力。其设计重点应放在如何帮助学生有效地理解、掌握这类知识上，注重学生对陈述性知识中符号或语词意义的获取。方法包括：一是找出新知识与原有相关知识的结合点，讲清二者之间的相互联系，以帮助学生在理解的基础上有效吸收、同化新知识。二是对学生的学习准备状况做认真分析，除了解学生的一般学习状况外，还应对学生已有的知识准备、知识结构、学习动机和学习习惯做深入分析。三是恰当引入教学媒体，如教具、学具的使用、教材呈现手段的变化等。

（2）根据程序性知识的特点进行教学设计

程序性知识是有关"怎么办"的知识，主要涉及概念和规则的应用，如根据语法修改病句，学生只要能正确和顺利地完成这些任务，就获得了相应的程序性知识。在教学实践中，如何让学生将贮存于头脑中的原理、定律、法则等知识转化为技能，实现由静态向动态，由贮存知识向转换信息，由缓慢的再现知识向自动激活转化，从而实现学习的发展，是教学设计的一个关键问题。其教学目标主要就是帮助学生形成运用概念、规则和原理解决问题的能力，因此，程序性知识教学要有充分的练习设计：在设计概念练习时，应注意充分应用正反例。对系列较长的程序性知识的教学，还应先考虑练习时间的分散与集中以及部分与整体的关系，应该先练习局部技能，再进行整体练习。总之，教师要对讲授与练习的时间做合理规划，使规则、概念的掌握与解决问题技能的形成在课堂教学中都能得到有效保障。

（3）根据策略性知识的特点进行教学设计

策略性知识也是回答怎么办的问题的知识，它与程序性知识的主要区别在于它所处理的对象是个人自身的认知活动，是个体调控自己的认知活动的知识。策略性知识分为一般学习活动和创造性思维策略知识两种。像控制与调节注意的策略、记忆策略和提取策略等属于一般学习活动的策略知识，而创造思维策略知识则是一个推理过程，因时、因人、因内容而异，难以程式化。

根据策略性知识的特点进行教学设计，需要解决三个难题：一是教材问题。现行教材中缺乏相应的内容。二是教师问题。策略活动是一种内在的思维活动，如果教师缺乏这方面的知识和训练，就无法向学生解释策略。三是学生问题。如何对学生进行认知策略训练，是教学设计的一个重要部分。例如，教会学生在听课和看书时如何记笔记等。

要搞好策略性知识的教学设计，教师首先要学习和掌握有关学习策略、认知策略方面的知识，加强策略教学的训练，同时注意挖掘教材中的策略性知识内容，在此基础上根据策略性知识的特点和学生学习的特点进行针对性的教学设计。

第
二
单
元

课
堂
设
计
工
具

工具箱

教学内容设计工具表

内容名称		设计要求	设计表述
教学目标、教学对象选择	教学目标	符合课程标准的要求	
		符合学科思想	
		体现知识的地位	
		满足知识间的关联要求	
	教学对象	符合学生的起点状况	
		符合学生的认知特点	
		满足学生的心理需要	
		体现教师的个人魅力	
策略性知识选择	一般学习活动策略知识	控制与调节注意的策略	
		记忆策略和提取策略	
	创造性思维策略知识	如何进行学习和探究	
		怎样进行问题的思辨	
		对学生进行认知策略训练	

续　表

内容名称		设计要求	设计表述
教学内容体现选择		科学性	
		基础性	
		发展性	
		学生可接受性	
		时代性	
		多功能性	

动手做

设计某一课的教学内容。

在进行教学内容的重点难点设计时，教师要进行重点难点的突破设计。要在对教学内容完整准确理清、把握的基础上，把重点难点设计成一个个可以解决的问题，使教学重点和难点问题化，即通过问题来解决重点和难点。教学问题的设计非常重要，应体现出探究的特点，因此，在设计教学问题时，一定要注意提出问题的科学性、挑战性、开放性、思考性、层次性、引导性。

备忘录

重点难点的概念

序号	重点	难点
1	位于学科知识体系各有机部分的结合点上	不一定位于学科知识体系各有机部分的结合点上
2	承上启下，承前启后，沟通左右	可能重合或不重合
3	客观存在的，具有确定性	受主观因素的影响，具有不确定性
4	一般容量较大，具有多方向传导性	储存信息的可辨性较低
5	一般要求课堂解决	不强求课堂解决

一般地，教材中都有重点章，每章都有重点节，每节都有重点课时，每个课时都有教学重点，即使是非重点课时，仍有相对的教学重点。

工具箱

教学重点难点设计工具表

教学重点难点确定			
序号	确定依据	确定方法	优化后的结论
1	教材和课程标准	将课程标准确定的三维教学目标与一节课的完整知识体系框架和教学目标整合起来，确定出静态的教学重点难点。	
2	学生的实际情况	在了解学生原有知识、技能状况、兴趣、需要、思想状况、学习方法和学习习惯之后确定。	
		对学习内容是否缺乏感性认识，难以开展抽象思维活动？	
		在学习新的概念原理时，是否因对已知概念基础的掌握问题而陷入认知困境？	
		已学过的知识是否对新知识产生了干扰？学生不能把旧知用于新知学习。	
		是否有学生难以理解的教材中的某些综合的复杂的内容？	
		综合设计结论。	

续　表

教学重点难点确定			
序号	确定依据	确定方法	优化后的结论
3	知识内容	基本概念	
		基本理论	
		基本技能	
		综合设计结论	
4	结论		
教学重点难点突破			
方法选择			
内容设计			

（二）教学时间设计

1. 教学时间设计的概念

教学时间是影响教学活动的一个重要因素。从心理学的角度看，时间是学生学习过程中的一个决定性因素。从教育学的角度看，时间是一种重要的教育资源。教学时间的控制和改变，在一定程度上意味着控制和改变教学活动。因此，根据教学需要对教学时间进行合理分配和控制，是教学设计的一项重要内容。

许多教师在课堂上要么觉得时间不够用，要么觉得时间用不完，这大多是由于没有进行教学时间设计。即使有一些教师进行了时间设计，也大多只是走了过场，因为他们在教学中不会按照教案设计的时间来上课。这体现了教师课堂驾驭能力的不足。

备忘录

教学时间设计必须用到的概念

序号	概念名称	释义	备注
1	名义学习量	学生所需要的学习时间总量，具体表现为学校每年的总学时量。	我国中小学的时间总量由国家统一规定。但要考察个别学生实际有效的学习量。
2	实际学习量	每个学生实际接受的有效学习时间量。	学生因迟到、缺勤和教师缺课等，导致其学习量不一致。保证每个学生的实际学习量是教学时间设计、控制的重要内容。
3	单元课时量	学生在课堂上学习某一单元或某一具体内容时需要的学习时间量。	在确定课堂教学时间分配时应全面考虑教材内容、学生学习特点等多方面因素，不可凭个人兴趣习惯行事。
4	集中注意力学习时间	指学生在课堂上积极专心学习的时间。	学生在课堂上的专注学习时间是不一样的。教师应尽可能保证学生的专注学习时间得到增加。
5	教学时间的遗失	指由于受外界干扰或教师对教学处理不当造成的教学时间的浪费。	课堂因偶发事件引起的教学中断、环节间过渡时间过长、不当练习作业等会造成时间浪费，要经过设计予以避免。

2. 教学时间设计的工具

教师在进行教学总体设计时，首先要把握好整体时间分配；其次，要保证学生的实际学习时间；第三，要科学规划单元课时；第四，要尽可能增加学生的专注学习时间；第五，要防止教学时间遗失。

工具箱

单元课时教学时间设计工具表

内容名称		设计要求	教学时间分配及理由
教学目标和教学对象	教学目标	知识与技能目标	
		过程与方法	
		情感态度与价值观目标	
		教师发展目标	
	教学对象	学生的起点状况	
		学生的认知特点	
		学生的心理需要	
		教师的个人魅力	
重点难点		教材重点内容	
		教材难点内容	
教学时间分配	开始	不超过5分钟	
	合作	讲授时间	
		提问时间	
		活动时间	
		练习时间	
	结束	不超过5分钟	

（三）教学方法设计

1. 教学策略的设计

教学策略是实施教学过程的教学思想、方法模式、技术手段这三方面动因的集成，是教学思维对其三方面动因进行思维策略加工而形成的方法模式。教学策略是为实现某一教学目标而制订的、付诸教学过程实施的整体方案，包括合理组织教学过程，选择具体的教学方法和材料，制订教师与学生所遵守的教学行为程序。

在整体课堂管理的教学设计中，教学策略设计是教学设计的中心环节。其设计范围较广，一般包括教学方法、教学媒体的选用、课堂教学结构的确定和教学环境的调控等方面内容。

2. 教学方法的选择设计

教学方法包括教师教的方法（教授法）和学生学习的方法（学习法）两个方面，是教授方法与学习方法的统一。教授法必须依据学习法，否则便会因缺乏针对性和可行性而不能有效地达到预期目的。但由于教师在教学过程中处于主导地位，所以，在教法与学法中，教法处于主导地位。这就是要进行教学策略设计的主要原因。

中小学教师常用的教学方法主要有讲授法、谈话法、指导法、演示法、参观法、练习法和讨论法等，这些方法各有千秋，其合理选择、优化组合非常重要。这一点，也正是教学方法设计的根本目的。

工具箱

教学方法的选择设计工具表

序号	步骤	内容		判断	设计方案
1	方法选择标准	根据具体的教学目标、教学任务、教学进度和教学时间选择教学方法	能否完成教学目标？		.
			能否解决教材内容？		
			是否有时间应用？		
			……		
		根据学生的学习特点选择教学方法	基础较好？		
			学习能力较强？		
			擅长合作探究？		
			……		
		根据教师的特点选择教学方法	善于绘画？		
			善于讲故事？		
			……		
			教师的缺点（如不善于口头表达或书写）		
			……		

序号	步骤	内容		判断	设计方案
1	方法选择标准	根据现有的教学条件选择教学方法	教学设施？		
			教学媒体？		
			社会资源？		
			教学资源库？		
			……		
2	提出候选方案	尽可能广泛地了解和提出有关的教学方法，以便自己考虑和选择	方案1		
			方案2		
			方案3		
			方案4		
3	方案优化	对各种供选择的教学方法进行比较	方案1	教学方法的特点	
			方案2	教学方法的适用范围	
			方案3	教学方法的优越性和局限性	
			方案4	……	
4	综合结论				

动手做

设计一个具体的教学内容的教学策略。

3. 课堂教学结构的设计

课堂教学结构的设计是在确定了具体的教学目标、内容、方法和媒体后，如何将这些因素有效地组织在教学过程中的课堂教学结构的设计过程，实际上是对各种教学因素、教学环节进行组装、统整的过程。

备忘录

课堂教学结构组成的基本要素

序号	组成要素	释义	主体地位
1	讲	讲授、讲解、启发、点拨、指导、提问	以教师为主
2	学	学习、预习、读书、自主学习	以学生为主
3	练	练习、回答问题、尝试练习、作业、检测	以学生为主
4	议	讨论（小组讨论、全班讨论）	师生合作
5	评	评讲（评讲答问、评讲练习、评讲试卷）	师生合作
6	结	小结（教师小结、学生小结、师生共同小结）	师生合作

讲、学、练是基本要素，是每一节课必备的要素。课堂教学结构形成的依据主要有教学理论（思想）、教材特点、学生基础三个方面，教师在进行教学结构设计时，可以根据这三个依据，在课堂教学结构的总体框架内，选取课堂教学结构要素，选择其表现形式，确定结合顺序和运行程序，形成课堂教学结构。

设计教学结构流程时，教师可将教学活动的基本程序在时间和空间关系上展开，合理组合设计形成的教学结构流程图，并作为教学活动开展的依据。

课堂教学结构要素的内涵是发展的，总趋势是教师"讲"的部分越来越少，学生"学"的内容越来越多，即学生的主体作用逐步加强。

但是，由于过多地强调"教无定法"，在实际的教学实践中，教师反而忽视了教学本来的"法"，即忽视了对"教育标准和教育理论"的研究。由于教师没有真正建立起科学的课堂教学结构体系，才出现了课堂教学随意性大的现象。

工具箱

课堂教学结构设计工具表

序号	环节	步骤		内容	时间分配
1	开始	课堂常规		学生起立，师生互致问候	
		新课导入	教师行为1	导入方式、教师活动与学生行为	
			学生行为1		
			教师行为2		
			学生行为2		
			……		
			……		
			教师行为N		
			学生行为N		
2	合作探究	第一步	教师行为		
			学生行为		
		第二步	教师行为		
			学生行为		
		第三步	教师行为		
			学生行为		
		第四步	教师行为		
			学生行为		

续　表

序号	环节	步骤		内容	时间分配
3	结束	导出	教师行为		
		课堂常规		学生起立，师生互致问候	

动手做

请以一个具体的教学内容为依据，完成一个课堂教学结构的设计。

第三单元　教学基本技能设计工具

教学基本技能是指课堂教学的组织形式和呈现方式技能。主要包括导入、强化、组织、试误、导出、媒体选用、语言、板书、提问、讲解、变化、演示等技能，由于我们已经将提问技能列入核心技术中，因此在本册中就不再赘述。

一、导入设计工具

导入是教师在上课开始阶段为了引起学生注意、激发学生兴趣、调动学习动机、明确学习目的和建立知识之间的相互联系而采取的教学活动。其核心目的是引导学生进入学习状态，把学生吸引到特定的教学任务和程序当中去。

现代教学理论都强调学生需要在课堂上进行积极的思维活动。因此，积极的思维活动也被认为是课堂教学成功的关键。于是，激发学生的积极思维活动成为课堂教学的一个重要内容。在众多激发学生积极思维活动的方式中，富有启发性的导入一直被教育界认可。

导入可以激发学生的思维兴趣，所以，教师在课堂开始的时候就应注意通过导入来激发学生的思维，以引起学生对新知识、新内容的浓厚探求兴趣。实践证明：用简洁的语言、图片、影像、声音、活动、动作等拉开一堂课的序幕，随之进入课堂教学主体的过程对一堂课的成败有直接影响。

备忘录

导入方法分类

序号	方法分类	释义
1	复习导入法	在讲授新课之前，对上节课的内容进行复习检查，为新课学习做好准备。如果在设计中，能使新旧知识衔接过渡自然，而且符合新课程标准的要求和新的教学理念，则易于被学生接受。
2	直观导入法	用与教材内容有关的幻灯片、实物、图片、教学实验等作为导入的一种方法。这种导入方法适合于各年龄段的学生。
3	情景导入法	通过声像、直观教具创设情景，或充分利用现有条件，为学生创设贴近教材内容、贴近实际生活的情景，减少学生的焦虑感和畏难情绪，让学生带着愉快的心情参与到整个学习过程中。
4	趣味导入法	运用与导入内容相关的游戏、音乐、故事、笑话、小诗、谚语等办法，寓教于乐，这种方法能迅速吸引学生主动参加课堂实践，活跃课堂气氛。

导入技能的管理目标：

1. 导入的内容必须与教学目标有关，是完成教学任务的一个必要而有机的部分，是根据既定的教学目标精心设计的，无游离于教学内容之外的内容；

2. 导入设计必须从教学内容出发，要么是教学内容的重要组成部分，要么是教学内容的必要补充，要么能激发学生的兴趣，吸引学生的注意力；

3. 导入无违背科学性和有悖社会公德的内容；

4. 导入设计从学生的实际出发，能照顾到学生的年龄、性格特征；

5. 导入设计能体现课型差异：新授课能做到温故知新，架桥铺路；讲授课能做到前后照应，承上启下；复习课能做到分析比较，归纳总结；

6. 导入设计短小精悍，一般为2～3分钟；

7. 不能每一堂课都用一种模式的导语；

8. 能自然引入课题，过渡自然、紧凑；

9. 能引起学生的兴趣；

10. 感情充沛、语言清晰；

11. 能面向全体学生。

工具箱

导入设计工具表

设计依据 导入目的	学 生 分析结果	教 材 分析结果	资 源 分析结果	教 师 分析结果
安定学习情绪				
吸引学生注意				
激发学习兴趣				

续　表

设计依据／导入目的	学　生分析结果	教　材分析结果	资　源分析结果	教　师分析结果
沟通师生情感				
明确教学目的				
启迪学生思维				
确定全课基调				
其他				

设计内容		
设计标准		导入方案
价值取向	决定导入质量，促进学生人生观、价值观和世界观的形成	
认知趋同	把学生的认知引导到教师导入的意图上来	
审美情趣	培养学生情感、态度和积极心理	
创新含量	不走老套路，不生搬硬套，无痕迹	
其他		

动手做

根据你最近要上的课，设计一个导入方案。

二、强化设计工具

无论成年人还是学生，都会努力想得到别人的奖励。根据这一特点，心理学家在动物和人的学习领域，对奖励和惩罚的效果进行了长期的研究，提出了强化这个概念。后来，强化被用于课堂教学中，在课堂组织方面，它能促使学生集中注意力，帮助学生主动参与教学活动并使学生养成良好的行为习惯；在学生学习方面，承认学生的努力和成绩，促使学生将正确的反应行为巩固下来。

在课堂创建中，教师通常会使用强化手段来为学生创设学习的最佳环境，增强情感的感染力，强化学生的学习情绪。学生在课堂上的进步，一方面依赖于教师和学生集体的赞赏等外部强化；另一方面依赖于尝试性预想被证实的内部强化，即教师对学生的反应不直接进行评价，而是提供线索，帮助学生将自己的反应与客观要求进行对照检验，促进学生的预想被证实而得到内部强化。因此，教师的强化技能是学生塑造行为和保持行为的关键。

强化是一个心理学概念，是教师依据"操作性条件反射"的心理学原理对学生的反应采用肯定或奖励的方式，帮助学生形成正确的行为，促进和增强学生的某一行为朝教师希望的方向发展的教学行为。在强化过程中，引起强化作用的物体或手段称为强化物。

强化的主要功能是按照人的心理过程和行为规律，对人的行为予以导向，并加以规范、修正、限制和改造。学生在学习的过程中，其正确行为的形成既依赖于正强化，又依赖于负强化。因此，教师可运用强化的方式创设激励学生学习的课堂环境。首先，可以促使学生将注意力集中到教师的教学活动上来，从而防止非教学因素的干扰；其次，强化能促进学生更加自觉、积极地参加教学过程；第三，强化可以帮助学生在课堂上采取适当的行为方式；第四，教师通过采用强化手段，肯定学生的努力和成绩，尤其对后进生以表扬为主，这会增进学生和教师之间相互信赖的关系，易于激发学生的学习热情并提高其学习质量；第五，通过逐渐减少外来奖赏，强调自我强化来发展学生在学习和行为上的自我组织能力。

工具箱

强化设计工具表

设计依据 导入目的	学　生 分析结果	教　材 分析结果	资　源 分析结果	教　师 分析结果
促使学生将注意力集中到教师的教学活动上来				
能促进学生更加自觉、积极地参加教学过程				
帮助学生在课堂上采取适当的行为方式				

续　表

设计依据 导入目的	学　生 分析结果	教　材 分析结果	资　源 分析结果	教　师 分析结果
教师通过采用强化手段，肯定学生的努力和成绩，尤其对后进生以表扬为主，这会增进学生和教师之间相互信赖的关系，易于激发学生的学习热情并提高其学习质量				
通过逐渐减少外来奖赏，强调自我强化来发展学生在学习和行为上的自我组织能力				
其他				

第三单元 教学基本技能设计工具

设计依据 导入目的	学 生 分析结果	教 材 分析结果	资 源 分析结果	教 师 分析结果
设计内容				
方案选择			强化方案确定及设计	
言语强化	教师用言语对学生的回答、反应或行为习惯表明自己的态度和判断，使学生对自己的反应认识清楚，以便将正确的行为巩固下来，将错误的行为加以改正。			
活动强化	教师安排一定的活动，对学生在活动中的参与和贡献给予奖励，使学生在活动中不断巩固正确的行为，得到自我强化。			
动作强化	教师运用微笑、点头、摇头、鼓掌、举手、拍拍肩、抚摩头、握手及接近等非语言的身体动作，对学生的行为表现，表示自己的态度和情感。			
标志强化	当学生出现教师所期望的行为时，给予代表鼓励或奖励的标志（或符号）进行强化。			
其他				
其他				

动手做

根据某一具体教学内容，设计一个强化方案。

三、组织设计工具

课堂组织是教师为了取得好的教学效果而组织管理学生、引导学生学习、建立和谐的教学环境的一种教学行为。其主要作用在于：组织和维持学生的学习热情，引发学生的学习动机和兴趣，培养学生的自信心和进取心，帮助学生建立良好的学习和行为习惯，创造良好的课堂氛围，便于师生之间的情感交流。

一个良好课堂组织教学的特征包括：学生主体地位突出、教学活动形式多样、信息反馈渠道畅通、课堂教学活动高效。

按照整体课堂管理的要求，课堂教学的组织分为课前管理、课堂管理、课后管理三个阶段。课前管理的主要任务是设计预习案、预习案处理、旧知激活；课堂管理又分为开始阶段、合作阶段、结束阶段三个部分；课后管理的内容主要是课后教师如何提升能力和评价，学生的知识如何应用和迁移。

1. 预习案设计工具

部分教师的预习案设计出现两个极端：一是过于简单。有的教师把让学生读教材看作预习，有的教师把让学生做练习题看作预习，还有的教师虽然编写了预习案，但只有答案形式，没有思维过程，导致学生在课堂上把自己简单获得的结论当作已经学会的标志而不愿听讲。二是过于复杂。集中体现在预习案设计过于花哨、繁杂、空洞，学生难以完成。

工具箱

预习案设计工具表

年级/学科类型		主题		教师	
课时		课型		学习日期	
预习目标					
重点难点					
关键问题					

续 表

预习过程设计（第 课时）			
程序（要素）	预习内容	预习方法	预习结果（学生完成）
基础模块			
思维模块			
实践模块			
开放模块			
预习检测			
其他			

2. 教案设计工具

教案是教师认真阅读课程标准和钻研教材后，经过分析、加工、整理而写出的切实可行的有关教学内容、教材组织和讲授方法的案例。教案体现的是教师的意志，其着眼点和侧重点在于教师讲什么和如何讲。

工具箱

教案设计工具表

整体课堂管理中的课堂教学设计表

学　　科：＿＿＿＿＿＿＿＿＿

年　　级：＿＿＿＿＿＿＿＿＿

班　　级：＿＿＿＿＿＿＿＿＿

课　　型：＿＿＿＿＿＿＿＿＿

课　　名：＿＿＿＿＿＿＿＿＿

设 计 人：＿＿＿＿＿＿＿＿＿

授 课 人：＿＿＿＿＿＿＿＿＿

设 计 时 间：＿＿＿＿＿＿＿＿＿

授 课 时 间：＿＿＿＿＿＿＿＿＿

中小学整体课堂管理模式的理论与实践研究课题组　制

一、指导思想及理论依据	
学科与本课特点	设计要求：针对本学科的学科思想或课标要求，描述出本学科与本课特点。
设计思路	设计要求：依据心理学与教育学上的有关思想以及相关理论，提出设计思路。

二、教学背景分析	
学生学情分析	设计要求：分析学生已有认知水平和能力状况、存在的学习问题、思维特点或习惯、新课学习时可能出现的问题或思路特点、学习习惯、学习态度等。
学习内容分析	设计要求：分析所使用的教材情况（版本、章节、前后安排等）；新知识的地位（课标的要求、高考的要求、中学学段的地位、对后续学习的作用等）；学习内容重点难点和关键点；学生当前知识技能和教学终态知识技能之间的差距；学习内容中的德育因素。
教学方式分析	设计要求：一是明确教学方式；二是分析选用的依据：教学目标要求、教学内容特点、学生学习特点、教师特点；三是说明所选方式的必要性与可行性；四是说明本课特点与该方式的关系。

第三单元　教学基本技能设计工具

教学手段分析及技术准备	设计要求：一是说明本课使用本教学手段的必要性与可行性，并说明其他教学手段在这节课上的不足点；二是说明学校设备条件与使用该设备的必要性与可行性，并说明使用和不使用该设备的效果差异。

三、教学目标设计

学习结果	设计要求：指出要包含的 4 个要素，即行为主体、行为变化、行为条件和表现程度。举例："通过解一元一次方程的学习，学生能掌握解一元一次方程的步骤，能解一元一次方程，能在 10 分钟内解 5 个基本方程，正确率为 80％以上"。
学习结果的评价指标	具体、可测。

教师成长	设计要求：教师通过本堂课，在哪些方面学到了新知识、掌握了新技能、提高了教学技巧、提升了师德。

四、教学资源

设计要求：本部分是教学设计的核心，应把教学内容、教学过程，学生活动、所需要的教学资源及教学策略（如何实现教学目标，如何解决"怎么学"和"怎么教"的问题）表达清楚，可附教学流程图。

教学资源	设计要求：对与本堂课有关的基础资源、环境资源、人力资源、德育资源等进行优化配置设计。

五、教学过程设计

设计要求：把握"12345"基本要求，即突出 1 个中心（以合作探究为中心），用好 2 个工具（教案、学案），注重 3 个环节（课前探究、课堂探究、课后探究），实现 4 个目标（教学有效、德育实效、教师发展、学生成长），达成 5 个平行（目标平行、过程平行、地位平行、教学研平行、测评平行）。

第三单元　教学基本技能设计工具

五、教学过程设计	
课前探究	设计要求：在前面内容的基础上，明确提出课前探究的内容。课前探究指教师在备课之前对教材的二次开发以及学生在教师有目的的指导下，带着问题和要求去做一些知识整理、学具准备、经验积累、信息收集等课前的准备活动。课前探究是课堂探究的前奏，而非学生简单地预习课本。应该在设计时解决以下问题，前置性作业如何预设？这些探究性作业的创新价值和意义在哪里？课前探究的途径有哪些？课前探究的成果如何在课堂中得以反馈体现？其核心是课前探究的问题设计与效果预设。
课堂探究	设计要求：课前准备（3分钟，预热情感，检查课前探究成果）；导入新课（1分钟，创设情境，激发动机）；新知探究（20—25分钟），认定目标→学生自学（一次达标）→小组交流（二次达标）→课堂讨论（三次达标）；巩固练习（5—8分钟，当堂清）；总结提高（2—3分钟，教师精讲，归纳提升）。重点做好导入设计、板书与多媒体设计、问题设计、活动设计、小结设计、检测设计等。

课后探究	设计要求：教师的质量提升（优质提问、思考激发、差异教学）和绩效评价（训练验收、精练总结、多元升华）；学生的复习案。

六、学习效果评价设计

设计要求：对本节课学生学习的效果以及教师自身教学的效果进行评价分析；以教学目标为标准对学和教的行为做出评价。评价方法尽可能做到目的性和可操作性强，灵活多样。

学生学习效果	设计要求：形成新知识导图；新知识巩固记忆；用新知识解决问题。
教师自身教学效果	设计要求：学科思想和课堂呈现艺术的掌握；对新技术的课堂运用；自我改进和努力方向。
德育渗透效果	设计要求：从学生的课堂活跃程度、教师的心情愉悦程度等方面进行分析。

续　表

以教学目标为标准对学和教的行为做出评价	设计要求：具体、定量分析，避免定性分析。
评价方法	设计要求：需要采用哪些评价方法？

3. 学案设计工具

学案是在教案的基础上，由教师设计的，引导学生直接参与并完成的一系列的问题探索、要点强化等全程学习活动的案例。

学案主要是给学生使用的。许多学校将教师的教案和学生的学案合二为一，最大的弊端就是教师的有些教学意图、教学结果提前"泄露"给了学生，启发学生思维的努力付之东流，效果自然大打折扣。学案体现的是学生的意志，其着眼点与侧重点在于如何充分调动学生的学习积极性，如何引导学生获取知识、培养能力，求得创新和发展。

教师不应搞"样板式"的学案，更不应直接从网络上下载"电子化"学案。换汤不换药的"嫁接式"学案、照抄别人的"克隆"学案和为比赛而设计的"走秀"学案都不可取。

工具箱

学案设计工具表

年级　　　　学期　　　　学科学案

学习内容	（第 _____ 单元第 _____ 课时）	课型	
学习目标			
重点难点			
时间分配	讲授　分钟；自学　分钟；交流　分钟；展示　分钟；深化　分钟；巩固　分钟		

续　表

学习过程			
环节	课堂内容与方式	学生学习方法	学生补充内容
开始	新课导入		回答问题：
	导入方式：		
	提出问题：		
合作	教师讲授 内容： 问题：	弄清教师讲课内容中的主要脉络、知识点和要求。	
	学生合作 内容： 问题：	（1）自学时，要对照问题（习题）学习，弄清自学内容中的主要脉络、知识点和要求，能完成问题解答（或完成作业）； （2）交流形式可以是小组探究，同时，也可是小组内或小小组范围的展示交流； （3）展示的形式要多样，黑板、纸质、口头、多媒体等；	

学习过程			
环节	课堂内容与方式	学生学习方法	学生补充内容
		（4）展示交流要做到充分、适度和到位，有深度，有高度。	
合作	师生合作	（1）对本课获得的知识点能完整地联系起来进行综合，加深理解，强化对知识结构的整体把握，形成知识框架，归纳出规律和方法； （2）利用学生提出的问题、想法结合教师自己提出的问题进行讨论，总结出规律和方法以便推广应用； （3）不仅要总结学会了什么，还要提出不懂的、不会的东西以及在学习过程中产生的新问题、新思考。	

学习过程			
环节	课堂内容与方式	学生学习方法	学生补充内容
结束	结束本课 导出方式： 课后拓展：	（1）达标检测：紧扣本节课的学习目标出题，突出重点，题目设计要"精""准""短"，既有基础题，又要有综合题和拓展题，可自行设计，也可利用教材、补充习题和学习手册上的内容，课内完成达标检测，及时反馈达标情况，当堂订正。 （2）总结反思：本节课的收获，引导学生依据三维目标去总结思考，知识、方法、能力、思想认识、情感或整理导学案等。 （3）拓展延伸，根据本节课的内容和需要，适当拓展补充一些必要的东西，把课堂向课外延伸。 （4）其他。	我的收获： 存在问题： 自我评价：

4. 拓展案设计工具

拓展案是教师在课堂教学完成后，为帮助学生巩固本节课的知识和促进学生对知识的迁移所设计的方案，包括课后练习和活动。

工具箱

拓展案设计工具表

年级　　　学期　　　学科拓展案

学习内容	（第 _____ 单元 第 _____ 课时）	课型	
拓展目标			
重点难点			
拓展内容			
形式			
练习题拓展	1. 2. 3. 4. 5.		
探究拓展			
开放型拓展			
其他			

5. 组织技能的构成要素

课堂管理组织技能的构成要素包括：提出要求、安排程序、指导引导、鼓励纠正、总结评述等方面。

工具箱

组织技能构成要素

序号	构成要素	释义
1	提出要求	在课堂教学活动中，教师对每一个教学环节都要提出要求，告诉学生在这个环节该进行什么活动、为什么要进行该活动以及在时间和纪律上的要求，以此来集中学生的注意力。
2	安排程序	教师对整个课堂的教学结构应有一个规划及具体的流程，对于每一个教学环节，教师都应制定出详细的操作程序，即告诉学生如何具体进行该活动。
3	指导引导	教师在提出具体的要求和安排程序后，还需要对学生进一步进行指导和引导。指导侧重于对学生操作方法的肯定或矫正，多用于观察、阅读、操作训练等方面。
4	鼓励纠正	鼓励和纠正是教师对学生活动效果的一种正面的反馈，它能有效回应学生的期望心理，是教师与学生间有效的互动模式。鼓励和纠正应讲究时机，应当在学生的活动产生一定的效果之后进行。

续　表

序号	构成要素	释义
5	总结评述	总结是对学生活动情况和取得效果的全面评述，是对教学信息的进一步强化。总结应该简明扼要，内容应包括两个方面：对本课内容的结构化综述；对学生活动状况，如态度、纪律、成绩与不足等问题的评价。

6. 组织技能设计工具

按照整体课堂管理的要求，课堂教学的组织分为课前管理、课堂管理及课后管理三个阶段。课前管理的主要任务是设计预习案、预习案处理、旧知激活；课堂管理分为开始阶段、合作阶段、结束阶段；课后管理的内容主要是学生对知识如何应用、拓展和迁移。

工具箱

组织技能设计工具表

环节	任务	释义
课前管理	设计预习案	(1) 预习案的主要内容应包括：原有知识导图、原有知识自测自评、原有知识分析新情境、发现提出问题； (2) 预习案不超过两页。

续　表

环节	任务	释义
课前管理	预习案处理	（1）教师根据教学内容和学生实际情况决定预习案的发放时间，一般课前发放，也可以在课上发放； （2）检查预习案完成情况。
	旧知激活	（1）教师根据具体情况决定检查学生预习案完成情况的时机、检查的内容、对象及检查的评价方式； （2）旧知激活可与课堂探究结合。
课堂管理	开始阶段	目标是"引起求知欲"，分为预备和开讲两个阶段。
	合作阶段	合作环节以探究为主，即为授课阶段，主要是感知教材、理解教材、巩固知识、运用知识。教学环节要做到相对完整；知识讲授要突出结构体系；信息总量安排要均衡合理；每个教学单元的知识内容要充实、饱满，难易程度安排得当，教学过程要紧凑，恰当分配和充分利用时间；重点难点要突破；课堂教学形式应多样化，把教学方法的选择和运用放在重要位置；教学情境应生动活泼；整个过程能体现合作精神；有展示提升（内容典型；突出重点；解决难点；形式多样）；有学习小组（异质性小组；质疑对抗；小组评价）；有知识整理（记录生成；知识要点；绘制出知识思维导图）；有课堂反馈；有穿插巩固；有精讲点拨（善抓重点；突破难点；解决学习过程中由不知到知的矛盾，是思维的盘整、境界的提升）。

环节	任务	释义
课堂管理	结束阶段	结束环节以检查"目标"为主，总结巩固并启动下一堂课的预习案。师生一起总结本节课的教学内容，引导学生把所学知识条理化、系统化，便于学生储存记忆。同时，还要布置适量的作业，指导学生正迁移，把知识变为能力。
课后管理	知识应用	学生是通过将所学到的抽象知识具体化的过程来实现的，主要是指运用在课堂上所学到的知识，来解答各种口头或书面的作业题以及完成各门学科所规定的实习作业。
	知识拓展	以课题任务及条件为线索，从自己的大脑中提取与课题有关的知识。
	知识迁移	利用新旧知识间的联系，启发学生进行新旧知识对照，由旧知识去思考、领会新知识。知识迁移能力是将所学知识应用到新的情境，解决新问题时所体现出来的一种素质和能力，包含对新情境的感知和处理能力、对旧知识与新情境的链接能力、对新问题的认知和解决能力等。

动手做

请你根据对知识迁移的介绍，以某一堂课为例，设计一套完整的知识迁移方案。

四、试误技能设计

试误技能是指在教师课堂教学中，通过创设情境，推动学生不断进行尝试，并对学生的尝试行为结果提供及时的反馈，使学生在尝试过程中错误出现的频率逐渐减少，错误的性质不断向有利于学生学习的方向变化，直至学生能够避免和杜绝错误的一种教学行为。简单来说，教师修正学生的错误，推动尝试的行为方式即为试误技能。

工具箱

试误技能设计工具表

试误依据 / 试误目的	学 生 分析结果	教 材 分析结果	资 源 分析结果	教 师 分析结果
鼓励学生不怕犯错，大胆探索创新				
及时订正错误，使学生通过亲身体验或切身体会对所学知识和技能有更准确、更深刻的理解、认识和掌握				

续　表

试误依据 试误目的	学　生 分析结果	教　材 分析结果	资　源 分析结果	教　师 分析结果
培养学生健康的心理，发展学生的各种综合技能				
其他				

设计内容				

设计标准/方案	试误方案
寻找和提供反馈	
利用错误	
设计迷惑	
推动尝试	
让学生自己纠正错误	
其他	

动手做

根据某一具体教学内容，设计一个试误方案。

五、结束（导出）设计

课堂结束习惯上称为导出。这是在教学即将结束时，教师引导学生对本节课所学的知识与技能进行总结、巩固、扩展、延伸与迁移的教学行为。在这个阶段，教师通过归纳总结、领悟主题、实践活动、转化升华、设置悬念等方式，对学生知识和技能及时地进行系统巩固运用，其目的是将本节课所学的新知识有效地纳入学生的认知结构。在心理学方面，导出的任务使学生保持旺盛的求知欲和浓厚的学习兴趣，取得余音绕梁的教学效果。

工具箱

导出设计工具表

设计依据 导出目的	学　生 分析结果	教　材 分析结果	资　源 分析结果	教　师 分析结果
形成知识网络，巩固所学知识				
总结教学内容，诱发学习兴趣				
总结思维过程，促进学生发展				
领悟内容主题，实现德育渗透				
其他				

续　表

设计内容	
设计标准/方案	结束方案
归纳法	
比较法	
悬念法	
练习法	
提问法	
点题法	
拓展法	
汇报法	
其他	

动手做

根据某一具体教学内容，设计一个结束方案。

六、媒体选用设计

教学媒体是指直接加入教学活动的媒体，是教学过程中传输信息的一种手段。教学媒体的选择既是教学设计的一个重要环节，也是教学策略的一个重要组成部分。在不同时期，各种教学媒体在教学中所起的作用是不同的。传统的书本、黑板以及后来出现的幻灯机、投影仪、电视机等及至今天出现的多媒体技术、虚拟现实技术、人工智能技术等都在教学中发挥着愈来愈重要的作用。

值得特别强调的是，由于不同教学媒体特性的不同，各种媒体都有自己的优缺点，没有一种媒体能对任何学习目标和任何学习者都发生最佳的相互作用，即不存在对任何教学目标都最优的"超级媒体"。

工具箱

媒体选用设计工具表

选用依据 选用目的	学　生 分析结果	教　材 分析结果	资　源 分析结果	教　师 分析结果
提供事实 建立经验				
创设情境 引发动机				
举例验证 建立概念				
提供示范 正确操作				
呈现过程 形成表象				

续　表

选用依据　　选用目的	学　生 分析结果	教　材 分析结果	资　源 分析结果	教　师 分析结果
演绎原理 启发思维				
设难置疑 引起思辨				
展示事例 开阔视野				
欣赏审美 陶冶情操				

选用依据 选用目的	学 生 分析结果	教 材 分析结果	资 源 分析结果	教 师 分析结果
总结归纳 复习巩固				
其他（突出强化教学重点；突破化解教学难点等）				
设计内容				
媒体类型	选择理由			媒体选择方案
视觉媒体				

第三单元 教学基本技能设计工具

续　表

媒体类型	选择理由	媒体选择方案
听觉媒体		
学校或自己能够拥有的媒体资源是否能满足使用？		
综合结论		

动手做

根据某一具体教学内容，设计一个媒体选用方案。

七、教学语言设计

教学语言是教师在教学中运用的以普通话为基础的行业语言，是师生交流沟通的工具，是实现教学任务的主要手段。教师的语言技能是指教师用准确、生动、富于启发性的语言来传授知识方法、训练思维能力、不断激发学生的学习热情的一种教学行为。其作用在于传递新信息、新知识，促进学生智力的发展和能力的培养，能使教师个人的思维能力得到发展。

工具箱

教学语言设计工具表

选用依据 选用目的	学生分析结果	教材分析结果	资源分析结果	教师分析结果
讲述事件、人物的经过、经历和状态；讲述科学事实和原理				
解释说明概念、定义、原理、特点、规律及相关的知识、术语、数据等				
通过论据推出结论				

续　表

选用依据 / 选用目的	学生分析结果	教材分析结果	资源分析结果	教师分析结果
评价性内容需要				
辩论性内容需要				
促使学生对新旧知识建立起联系				
组织教学				
融洽师生感情				
表明自身态度				
其他				

设计内容				
语言使用阶段	语言选择方案			
开始阶段				
合作阶段				
结束阶段				

动手做

根据某一具体教学内容，设计一个教学语言方案。

八、板书设计

板书是教师在教学中所应用的一种主要的教学媒体，板书艺术则是教学艺术的有机组成部分。教师坚持教学原则，遵循教育规律，严格教育科学，努力使教学过程审美化，应是其职业生涯的永恒追求。

教师板书的书写姿势一般采用侧身书写的姿势。板书字体的大小以后排学生能看清为准。字体太大，影响板面的利用率；字体太小，失去板书的作用。教师还要注意适应学生特点，分别采取楷、行楷、行草等字。板书字迹应正确、清晰、认真、整洁。

备忘录

板书设计标准

序号	标准	释义
1	利用充分	要充分利用黑板的有效面积：四周空间适当；分片书写；字距适当。
2	布局合理	注意整体效果。应将板面分出标题区、推演区、绘图区、便写区等若干区域。标题区比较重要，需要学生注意和记录，通常位于左侧上边，字要写得比较庄重、醒目；推演区因内容较多，又要随写随擦，应单辟一区；绘图区可根据图的多少和难易而定；便写区是处理临时情况用的，通常靠右，以免干扰其他区。
3	主次分明	应体现板书内容的主次，使学生明确重点，便于理解和记录。需要分层次时，应正确使用层次序号。
4	行列平直	行列不直的原因主要有意识范围狭窄和意识分散、习惯动作的偏差和视区的狭小。解决方法：一是让自主意识参与调节；二是养成正确的书写习惯；三是不断调整和正确使用最佳书写区。

续　表

序号	标准	释义
5	最佳书写区	教师写板书时应使自己始终在最佳书写区内书写，动作准确合理，有条不紊，带明显的程式化特点，这是教师应具备的基本功。板书最佳书写区的宽度只能在视平线上最大，距视平线越远，其宽度愈窄。书写时，在视平线上每行最多只能写 8 个字，超过 8 个字就应当移动脚步，移动时两脚距离仍然保持不变。在视平线之外两行，每写 6 个字就要换步一次；以此类推，视平线之外三行，则每写 4 个字就要换步一次……

每堂课的板书内容设计，应根据教材的内容、教师的设计技巧和学生的适应程度而定，不应做统一的规定。即使同一教学内容，不同的教师、不同的对象，也可以设计出不同的板书内容来。

动手做

根据某一具体教学内容，设计一个板书方案。

备忘录

板书的设计方法

序号	方法	释义
1	内容再现法	浓缩、再现原文内容的设计方法，是一种常用的方法。
2	逻辑追踪法	根据课文本身的内在逻辑性和系统性设计板书内容，有利于培养学生分析问题的能力。
3	推论法	层层推理设计板书内容，可经过推理，得出结论，可以比较清晰地反映论证过程。
4	思路展开法	根据课文内容，通过联想、假设进一步扩展课文思路的设计板书内容的方法。

　　板书内容设计必须与讲解紧密结合。这要求教师在进行内容设计时，应与讲解内容通盘考虑，对写哪些内容，什么时机写，写在什么位置都应做周密合理的安排，使板书与讲解互相协调，相得益彰。

备忘录

板书造型类型

序号	类型		释义
1	对称型	单轴对称	以一条有形或无形的横线或竖线为对称轴，使板书的内容上下对称或左右对称。
2		双轴对称	以横竖两条成垂直的线条为对称轴，使板书上下左右四个部分的内容都相互对称。
3		综合对称	将众多的内容和各种符号排列得处处对称。一般用于板书内容较多的课文。
4		字数对称	字数相等的板书造型。
5		字距对称	用调整字距的方法使板书对称的造型。
6		外框对称	用加外框的方法使板书对称的造型。
7	非对称型	张翼型	如飞鸟张开一对翅膀一样形状的板书造型，其特点在于能条理清楚地综合概括课文内容、结构或重点。
8		雁行型	如鸿雁飞翔时排成的行列一样的板书造型。
9		阶梯型	为表现课文一层深过一层的内容，把词句单独提出来，排列得像阶梯一样的板书造型。
10		折线型	用不在一条直线上的顺次首尾相连的若干线段所组成的折线来体现板书内容的一种造型样式。
11	自由型		指板书造型不受条条框框的限制，自由活泼。常见的有辐射型和波浪型。

工具箱

板书设计工具表

选用依据 / 选用目的	学生分析结果	教材分析结果	资源分析结果	教师分析结果
体现教学意图 突出教学重点				
显示教学思路 有利巩固记忆				
表达形象直观 加深学生印象				
深化课文内容 增强学习效果				
节省教学时间 提高教学效率				
其他				

续　表

设计内容	
板书形式设计	板书内容设计

九、讲解设计

讲解技能也叫讲授技能，是指教师运用教学语言，借助各种教学媒体，引导学生理解掌握教学内容，并进行分析、综合、抽象、概括、形成概念，从而认识规律和掌握原理的教学行为方式。讲解的实质是通过语言对知识的剖析和揭示，剖析其组成要素和过程程序，揭示其内在联系，从而使学生把握其实质和规律。

工具箱

讲解设计工具表

选用依据 选用目的	学　生 分析结果	教　材 分析结果	资　源 分析结果	教　师 分析结果
系统讲授 强化认知				

选用目的 ＼ 选用依据	学　生 分析结果	教　材 分析结果	资　源 分析结果	教　师 分析结果
展示思路 揭示规律				
突出重点 突破难点				
节省时间 提高效率				
传达情感 文道结合				
激发兴趣 激励学习				
把握节奏 调控课堂				
其他				
设计内容				
讲解形 式设计	讲解内容设计			
语言风格	要求：语言准确清晰，保证每个同学都能听清楚；语言应紧凑和连贯；节奏感强。			

续　表

设计内容	
讲解形式设计	讲解内容设计
使用例证	要求：例证内容恰当且符合学生认知水平；数量适中；分析透彻；使用正反例。
进行强调	要求：说清楚强调的内容和方式、方法。
形成连接	要求：注意各知识点之间的次序，选择恰到好处的连接词。
获得反馈	要求：学生有意注意情况；学生对教学内容的兴趣程度；学生对讲完的知识和方法的理解、掌握情况。
其他	

动手做

根据某一具体教学内容，设计一个讲解方案。

十、变化设计

变化是指教学过程中信息传播方式、师生相互作用和各种教学媒体、资料的转换方式。教师的变化技能就是指教师在教学中通过对教学信息、师生相互作用、教学媒体相互转换来提高教学效率、优化教学效果的教学行为。

备忘录

变化的类型

序号	类型		释义
1	教态的变化	声音的变化	教师讲话的语调、音量、节奏和讲话的速度变化：讲解教学重点时应加大音量、放慢语速；当学生走神时，可改变语速和音量来暗示其集中注意力。
		停顿	目的是为了让学生思考某个问题或提醒学生注意集中精神。一般停顿时间为 3 秒钟。
		面部表情	眉毛、嘴型、面部肌肉、眼神交流。教学中教师应利用目光接触与学生增加感情上的交流，通过面部表情来完成提醒、支持、鼓励、反对……
		头部动作	鼓励：点头；反对：皱眉、摇头。
		手势	指代性手势（指向人、物）；情意性手势（表情绪）；模拟性手势（表形状）；象征性手势（表抽象寓意）。
		身体的运动	步伐设计。
		仪表	

续　表

序号	类型		释义
2	传输通道和教学媒体的变化		读：10％；听：20％；看：30％；听和看：50％；理解后表达：70％；动手做及描述：90％。 视觉通道和媒体（板书、实物、标本、模型、图画、照片、图表、幻灯片、投影片等）。
			听觉通道和媒体（教学语言、学生问答、录音、录像）、触觉、嗅觉通道和学生操作。
3	相互作用的变化	互动内容的变化	认知互动、情感互动。
		师生交流方式的变化	单向、双向、多向。

工具箱

变化设计工具表

选用依据 选用目的	学　生 分析结果	教　材 分析结果	资　源 分析结果	教　师 分析结果
创造引起学生学习动机的条件				

选用依据 / 选用目的	学 生 分析结果	教 材 分析结果	资 源 分析结果	教 师 分析结果
吸引学生对某一课题的兴趣，把无意注意过渡到有意注意				
利用多种感官信息传输通道传递信息				
在不同的认知水平层次上为学生提供参与教学的机会				

续　表

选用依据／选用目的	学　生 分析结果	教　材 分析结果	资　源 分析结果	教　师 分析结果
唤起热情，丰富学习环境				
其他				

设计内容				
变化形式设计				
变化内容设计				

动手做

根据某一具体教学内容，设计一个变化方案。

十一、演示设计

演示技能是教师在课堂教学过程中，运用各种教学媒体，如事物、标本、挂图、幻灯、投影、录像、多媒体等，进行实际表演、示范操作、传递教学信息的教学行为方式。

工具箱

演示设计工具表

选用依据 / 选用目的	学 生 分析结果	教 材 分析结果	资 源 分析结果	教 师 分析结果
为理性认识提供直观感知				
培养学生观察和思维能力				
强化有关的教学环节				
其他				

续　表

设计内容	
演示媒体设计	
演示程序与内容设计	

动手做

根据某一具体教学内容，设计一个演示方案。

十二、PPT 课件设计

PowerPoint 演示文稿（PowerPoint Presentation）是一个非常强大的工具，可以帮助教师完成需要视觉呈现的作业任务。十年前，如果教师用 PPT 做课件，会让人大吃一惊；而在今天，如果教师不会用 PPT 做课件，会让人更大吃一惊。

PPT 课件集文字、数据、图像、影像、音频、视频等不同媒体为一体，使教学过程形象化、立体化，其设计包含信息呈现形式设计、素材设计和技术设计。其中，信息呈现设计是核心。课件除了为教学服务外，还应让人心情愉悦，便于学生阅读和理解，促使学生思维更活跃，能让学生产生积极的情感，提高教学效果。

PPT 课件的结构包括：封面（课件基本信息，包括主题、作者、联系方式等）；内容（课件的核心，包括课件的目录和具体内容）；封底（课件的结束页，要做到首尾呼应）。

备忘录

PPT 课件标准

序号	标准	忌讳
1	突出重点内容	内容过多、过杂

续 表

序号	标准	忌讳
2	多用图表，文字少而精	文字多而乱
3	颜色协调、搭配合理	颜色过多
4	文字大小合适，与背景对比鲜明	避免文字太小，与背景颜色相近
5	图表质量好，说明清楚	图表质量差，说明欠缺
6	制作方便，操作简单	制作复杂，跳转过多
7	善用多媒体，文件大小适中	滥用多媒体，文件太大
8	界面简洁，没有冗余	界面混乱，信息冗余
9	设计巧妙，富于想象力	设计单一，缺乏吸引力

备忘录

课件的设计技巧

序号	方法	技巧
1	简单＋图表	文字图像化，重要内容突出，让人能一眼看明白，让人愿意看。
2	采用对比手法	（1）不同背景颜色，突出效果不同： ①白色背景 效果最好：纯黑色文字 效果次之：蓝色文字 效果再次之：红色文字 效果较差：绿色文字 效果更差：浅灰色文字 效果最差：黄色文字 ②蓝色背景 效果最好：纯白色文字 效果次之：橘黄色文字 效果再次之：浅黄色文字 效果较差：黑色文字

续　表

序号	方法	技巧
2	采用对比手法	效果更差：暗红色文字 效果最差：紫色文字 ③黑色背景 效果最好：纯白色文字 效果次之：橘黄色文字 效果再次之：浅黄色文字 效果较差：紫色文字 效果更差：蓝色文字 效果最差：暗红色文字 (2) 用颜色、线条粗细对比突出不同内容 (3) 用字体和颜色对比突出不同内容：注重美感，避免单调

　　在演示 ppt 课件时，每分钟呈现 1—2 张幻灯片为宜。应该注意的是：并非所有内容都适合用 PPT；不必每次从头到尾都用 PPT；不是每张 PPT 都必须讲到；不必将内容都做在一张 PPT 上；不要只盯着屏幕而忘记了学生；给自己和学生留出思考的时间。

动手做

根据某一具体教学内容，设计一个课件制作方案。

十三、课后练习与考试命题设计

在学校教育中，教师一般都是通过作业形式和考试形式来检查学生学业状况的，这是当前及今后教育检测的主要方式，也是教育教学质量评估的一种重要手段以及社会评价的依据之一。

1. 作业的设计

作业也称课后练习，其目的是帮助学生巩固和消化所学知识，将知识转化为技能技巧。作业是教学的组成部分。作业一般分为两种，一种是教科书在每章教学内容结束时，根据教学目标的要求提供的；一种是教师根据教学目标的要求和学生的需要而自行编制的。在新课程理念下，作业作为学生成长的生长点，成为重建与提升课程意义及学生人生意义的重要内容，成为学生具有价值追求、理想、愿望的活动，成为学生成长的一种需要。

备忘录

好作业的标准

序号	判断标准	结论	
1	作业内容是否值得做？	是	否
2	教师对这项作业所涉及的知识范围和背景是否有较充分的了解？	是	否
3	是否能激发学生的学习兴趣？	是	否
4	学生是否了解做这个作业的真正原因和意义？	是	否
5	作业要求是否清晰？	是	否
6	作业任务是否具体？	是	否
7	作业是否是根据学生的不同能力、兴趣和个性特点来安排的？	是	否
8	作业的数量和难度是否恰当？	是	否
9	学生是否知道怎样去完成作业？	是	否

续　表

序号	判断标准	结论	
10	在课堂上教授的方法和材料是否能被有效利用？	是	否
11	学生是否有完成作业所需要的背景知识？	是	否
评价标准	如果回答都是肯定的，那么教师布置的作业就可以算是好作业。		
结论			

作业和考试都是教学评价的手段之一。作业和考试作为一种检测手段，都要求学生根据所学内容进行回答，其目的是全面了解学生的学习状况和教师的教学状况，以便进一步改进教学手段和改进学生的学习方法。按照新课标的要求，作业和考试都要能反映学生的思维过程，体现知识与生活的联系，学会发现问题、解决问题。因此，学生作业和试题的设计主要应体现双基检测、实践操作及解决问题三个方面的要求。此外，还要体现情感态度与价值观的要求，为学生们的答卷创设一个轻松、和谐的氛围，使学生在这个过程中能体会到做作业和考试的乐趣，从而使新课程的价值取向和学科特点凸显出来。试题的主要类型有诊断性测试题、形成性测试题、总结性测试题、开放性测试题等。

工具箱

作业设计工具表

序号	设计步骤	设计标准	设计内容
1	目标内容	课标要求应掌握的内容和学习目标的要求	
		作业的目的	
		完成作业的要求	
		完成作业的时间	
		学法指导	
2	重点难点	重点内容	
		难点内容	
		学生层次	
		难易程度要求	
		不同层次学生的完成要求	

续　表

序号	设计步骤	设计标准	设计内容
3	形式与种类	书面（简答题、抢答题、写随笔、论文、观察报告、评论、调查报告、科研项目等）	
		实践（各种实验、独立观察、独立完成作品及各种动手能力的测试等）	
		记忆（背诵某一内容）	
		活动（表演）	
		其他	
4	作业数量		
5	集体作业内容	书面作业（内容与形式）	
		实践作业（具体要求）	
		记忆作业（具体要求）	
		活动作业（具体要求）	
		其他	
6	其他		

动手做

根据某一具体教学内容，设计一个作业布置方案。

2. 试题的编制

（1）制订考试说明

试题编制时，首先要制定考试说明（即考试标准）。考试标准不仅要弄清本次考试的性质、目的，还要深入研读课程标准，准确掌握考量尺度。考试标准的拟定，应根据学科特点和性质，既要体现整体要求，又要突出重点。

考试标准的内容主要包括：考试的目的和性质；采用何种类型的考试形式和方法；考试的对象；采取的题型种类；考试的时间；采用何种分制评分；考

试内容；考试范围及其水平（难易度）；样题（或例卷）等。

（2）拟定编题计划（编制试题的依据）

拟定编题计划，要依据学科课程目标规定的考试内容、考试范围和教科书中涉及的各项知识所要求掌握的程度，来确定试题的分布范围、难易程度、重点难点。同时，要把握好试卷对考试内容的覆盖率、代表性，以避免测试的偏差给教学工作带来不必要的副作用。

命题计划的主要内容包括：各项考试内容的题量及分数分配；能力考查的试题量及分数分配；主观题和客观题所采用的题型及分数分配；课内、课外题量的比例；试题难度及各类试题的难度比例；命题意向；时间分配等。

备忘录

命题计划表

学年　　学期　　学科考试命题计划表

命题单位：　　　　考试年级：　　　　考试时间：

命题者：　　　　命题时间：

题型		分数分布			难度程度				覆盖面（按使用的章节填写，覆盖画"√"）		
客观性试题	主观性试题	题量	每小题分数	每大题总分数	较易	中等	较难	难度较大	第一章	第二章	第……章
单项选择题											

题型		分数分布			难度程度				覆盖面（按使用的章节填写，覆盖画"√"）		
客观性试题	主观性试题	题量	每小题分数	每大题总分数	较易	中等	较难	难度较大	第一章	第二章	第……章
多项选择题											
判断题											
填空题											
	简答题										
	论述题										
	分析题										
计算题											

续　表

题型		分数分布			难度程度				覆盖面（按使用的章节填写，覆盖画"√"）		
客观性试题	主观性试题	题量	每小题分数	每大题总分数	较易	中等	较难	难度较大	第一章	第二章	第……章
	证明题										
	案例题										
	作文题										
	其他										

（3）确定双向细目表

双向细目表，即考查目标（能力）和考查内容之间的联系表。表中纵向一般为要考查的内容，即知识点，横向为列出的各项要考查的能力，即在认知行为上要达到的水平，通常采用识记、理解、应用、分析、综合、评价等等级。双向细目表的制定，可以减少考试命题的盲目性，使命题者有明确的检验目标，把握试题的比例分量，提高命题的效率和质量。同时，它对于审查试题的效度也有重要的指导意义。

备忘录

双向细目表类型

细目表可以是双维（双向）的表格，也可以是多维的表格，一般使用双向细目表。常见

类型有：

①反映测验内容与测验目标之间的关系

测验内容	测验目标					合计
	识记	理解	应用	分析与综合	创造	
合计						

②反映测验内容与测验目标、题型之间的关系

测验内容	选择题	简答题	证明题	应用题	分析题	合计
	识记、理解	识记	分析与综合	应用	分析、综合、创造	
合计						

③反映题型与难度、测验内容之间的关系

题型		题量	分数分布		难易度			覆盖面				合计
客观题	主观题		每小题分数	每大题总分数	易	中	难	第一章	第二章	第三章	……	
选择题												
	简答题											
	计算题											
合计												

④反映题型与难度、测验目标之间的关系

题型	填空题	选择题	判断题	简答题	叙述题		合计
题数							
分数							

续　表

题型		填空题	选择题	判断题	简答题	叙述题		合计
难易程度	易							
	中							
	稍难							
	难度较大							
测验目标	识记							
	理解							
	简单应用							
	综合应用							
合计								

　　整体课堂管理中的双向细目表主要是反映测验内容与测验目标（学习水平）和题型分数的双向细目表，即把要考察的知识内容与学习水平（能力）、试题类型和分数呈现在一张表上，清晰明了，便于操作。

工具表

整体课堂管理模式下的双向细目表

考察的能力　　　考察内容（知识点）	识记	理解	应用	分析	综合	评价	其他	合计

续　表

考察的能力 考察内容（知识点）	识记	理解	应用	分析	综合	评价	其他	合计

（4）草拟试题

按考试标准和编题计划（双向细目表）设计试题。一要考虑怎样命题才能将教学目标界定的内容都检测到；二要考虑按测试要求的认知水平（一般为记忆认知、理解、运用三级）设计题目。另外，客观性试题和主观性试题要分别编制，客观题的答案要唯一或准确，主观题要充分体现开放性和多元性。题量应大于实际考试题的题量，以备筛选。

（5）筛选组卷

命题者要对照双向细目表，审查所设计的试题是否与各知识点及其学习水平相符，并根据具体情况进行增补或删减、修订。拟好简明扼要的试题指导语，依据考试时间，控制试卷的总题量和试题数，按先易后难的顺序进行组合，形成整卷。使用统一的试卷纸，语言表述要准确，符号要规范，用计算机打印。注意卷面字迹清晰，疏密有致，整齐美观。

（6）拟定参考答案及评分细则

参考答案观点要鲜明，答案要正确，操作性要强。客观性试题的答案要准确、明晰，便于阅卷；主观性试题的答案要注意规定性和灵活性的结合，充分估计到各种可能出现的情况，除拟出答案要点外，还应珍视学生的独特体验，并表明态度，以便阅卷人员在掌握标准的前提下灵活处理。

动手做

根据某一具体教学内容，设计一个试题编制方案。

十四、设计编排课堂座位

研究发现，被观察目标物在人的30°视觉范围内看得比较清楚。看清一个目标物所需的最短视距为目标物宽度的2倍。视距较短容易导致眼疲劳和近视。例如，教室中投影屏幕的宽度为1.5米，学生要看清屏幕上的内容所需的最短视距为3米。因此，前排课桌椅与投影屏幕之间至少应保持3米的距离。但在计算学生与黑板间的最短视距时则不宜用这一公式，因为教师每次书写在黑板上的内容只占黑板面积的一部分。为保证学生的视觉效果，应使学生每次能看清黑板上1—1.5米范围的内容，这样，前排桌椅距黑板的距离就不应低于2—3米。否则，学生的视力及视觉效果将受到影响。

除视距外，视角是影响课堂座位编排的又一重要因素。学生的视线与黑板中心垂线之间构成的夹角称为视角。实验表明，教室中两侧座位到黑板中心可允许的最大视角为45°，超出45°，学生的学习将受到严重影响。因此，教师如果能够定时调换学生座位，那么对于保障学生的身体健康就有十分重要的意义。

备忘录

中小学课堂座位编排方式

序号	座位类型	比较
1	秧田式排列法	适合大班教学。所有的学生都面向教师，教师容易控制学生，容易发挥自己在教学活动中的主导作用，传授知识的效果比较理想。不足之处是，学生之间难以交往互动，不利于学生的社会化成长。由于这种座位模式突出了教师居高临下的地位，客观上造成了师生在空间位置上的不平等，有悖于建立平等民主师生人际关系的理念。

续　表

序号	座位类型	比较
2	圆形排列法	适合各种课堂讨论。教师将课桌椅布置成一个或数个圆圈，让学生围坐在一起参与学习和讨论，增加学生之间、师生之间的言语和非言语交流，最大限度地促进课堂中的社会交往活动，有利于师生之间形成平等融洽的人际关系。
3	会议式排列法	适合于课堂讨论。将课桌椅面对面地摆成两列，学生分坐两边进行交流活动（人数较多的班级可摆成四列），有利于课堂的社会交往活动和增进学生间的相互影响。
4	小组式排列法	适合于讨论、作业课。将课桌椅分成若干组，每组由四到六张桌椅构成，能最大限度地促进学生之间的相互交往和相互影响，加强学生之间的关系，促进小组活动。
5	U形排列法	适合小班教学，又称马蹄形排列法。将课桌椅排列成 U 形，教师居于 U 形开口处。这既可以增进师生间的交流，有助于问题讨论和实验演示，又可以突出教师对课堂的控制，发挥教师的主导作用。

　　不同的座位编排方式都有各自的优越性和局限性。教师要根据教学目标和课程实施的要求，灵活采用不同的座位编排模式，使教学活动在相应的座位模式下获得最大效益，不可死板。

动手做

根据某一具体教学内容，设计一个座位编排方案，并说明理由。

第四单元　课堂创建技能运用工具

　　课堂创建管理是指教师为了有效实现课堂研究和课堂设计目标，在课堂上通过师生合作、互动协调课堂中的人与事、时间、空间等各种因素以确保课堂活动顺利开展的行为。在整体课堂管理中，对这一概念的界定包含四层含义：一是所有的课堂活动或行为都是围绕教学目标服务的；二是为了顺利达到预定的教学目标，教师需要在课堂中建立并设法维持一定的秩序，创设有效的环境；三是课堂创建不是教师的单方面行为，而是师生双方共同参与、相互作用的过程；四是课堂创建的成功与否由教师的教学技能决定。

一、导入技能

　　导入因不同的学习情况而不同，教师在这里主要是通过运用专业知识和教学经验，实现前面的设计意图。

　　导入的最终目的是使学生集中注意力，激起学生的求知欲望，使学生明确本节课的学习任务，形成学习期待。因此，教师必须从学科的角度把握知识的本质，从教学的角度把握学习的本质，从职业的角度把握育人的本质，弄清楚这节课到底讲什么？学生学习什么？怎么学？

　　导入虽然没有定法，但也有一些基本的方法，教师必须要掌握。教师需要注意的是，不论采取哪种方法和手段引入新课，都必须根据教学目的、教学内容和学生的具体情况而定，都必须使问题的情境结构、知识结构和学生的认知结构三者统一，都必须简明扼要，不可拖泥带水，不能影响正课进行。

第四单元 课堂创建技能运用工具

备忘录

课堂导入的方法

序号	方法	释义
1	直接导入法	即是开门见山法。根据"教学时间观"而设计并进行，其核心理念是节约时间，不让与教学无关的环节和语言占用教师的教学时间。即教师一开始上课就直接提出本节课要解决的问题。常用的模式为：上节课我们学习了……这节课我将学习……本节课的学习目标是…… 开门见山式的直接导入是最基本最常见的一种导入方式，教师用三言两语直接阐明对学生的要求，简洁明快地讲述或设问，引起学生的有意注意，使学生心中有数，诱发其探求新知识的兴趣。本方法适用于章节的开头或探究公式的变式、性质的归纳与应用等。这种方法多用于相对能自成一体且与前后知识联系不十分紧密的新知识教学的导入，适合学生本身基础比较扎实，学习的主动性较高，好奇心和求知欲比较强的班级。另外，对于新教师来说，由于新教师对学生的了解不是很多，直接导入比较适用。
2	导线导入法	根据所教授知识的内在联系而设计的一种导入方法，是利用学科知识线索来实现的。这些知识线索与本节课所学的新内容之间有一定的联系，对新的学习内容起固定和吸收作用。一是采用"旧知导入"法，即按照"复习旧知识—发现新问题—提出新问题—引入新问题"的模式进行；二是采用"类比导入"法，

序号	方法	释义
2	导线导入法	即根据两种事物在某些特征上的相似性，做出它们在其他特征上也可能相似的结论的一种推理方法；三是"学科导入"法，即在开始教授一门新课时，通过先培养学生对整个学科的兴趣而进行导入的方法。
3	实例导入法	即是选取与所教授内容有关的生活实例或某种经历，通过对其进行分析、延伸、归纳、演绎出从特殊到一般、从具体到抽象的规律来导入新课。实例导入法主要强调的是实践性，能使学生产生亲切感，能起到触类旁通的效果。这种导入方法，可以让学生感受到所学知识在现实生活中的实际运用。这种方法，对于抽象概念的讲解，效果更明显。
4	活动导入法	活动导入，不仅有利于在学生头脑中建立动作表象，形成感知动作思维，帮助学生理解概念，还能促进学生用表象来激发思维，进而促进学生建立符号表象，使抽象的知识被学生悦纳。活动导入一般有两种方法：一是直观导入。让学生在学习新课之前，直接观察实物、标本、模型、图表、投影或电影录像，从而引起学生的兴趣，让学生通过直观形象演示操作，感知要学习的知识，从而导入新课。二是实验导入。教师要设计一些带有启发性、趣味性的实验，通过演示或让学生进行动手操作，揭示事物的发生、发展过程或发现结论，由此导入课题。

续 表

序号	方法	释义
5	情境导入法	即是一种通过设置具体的、生动的环境，让学生在课堂教学开始时，就置身于某种与课堂教学内容相关的情境之中，促使学生在形象的、直观的氛围中参与课堂教学。实践证明，利用"生活情境导入"进行普通话口语表达教学，更有利于激发学生的探究思维和学习兴趣，完成课堂的教育教学目标。情境导入的主要方法有设疑导入、悬念导入、游戏导入、故事导入、诗歌导入、新闻导入、差异比较导入、名人名言导入、震撼触动导入、趣味导入等。

工具箱

导入技能工具表

学习目标				
时间分配	授课行为（讲解、提问的内容）	应掌握的能力	学习行为（预想的回答等）	要准备的材料及物品等
0″				

续　表

学习目标				
时间分配	授课行为（讲解、提问的内容）	应掌握的能力	学习行为（预想的回答等）	要准备的材料及物品等
10″				
20″				
30″				
60″				
90″				
120″				
150″				
180″				

二、强化导入技能

强化导入技能主要是为实现强化设计目标而进行的。强化在课堂中的运用十分普遍，但强化的效果是"正"还是"负"，就要看教师对此技能的理解和掌握情况如何了。

备忘录

强化与其他手段的区别

类别	概念	区别
强化与强调	强化	是一个心理学概念，是教师促进学生某一行为朝教师希望的方向发展的教学行为，专指对学生的反应或操作活动中的某些符合教学要求的学生行为进行促进或加强，使其与相应的刺激建立起稳固的联系。
	强调	教师对学生的成绩表示鼓励和肯定，或用符号引起学生注意。这虽然促进了教学活动，但这并不是促进或强化学生认识中的尝试活动。
强化与巩固练习	强化	指以特殊的个别活动作为奖赏物，对在教学活动中有贡献的学生进行鼓励，如部分代替教师的工作、帮助教师检查学生的作业等。
	巩固练习	练习活动是加强或巩固对知识技能的掌握程度，与对学生进行鼓励是两码事；通过学生间相互作用的活动，加强的是学生参与教学活动的机会，而不是强化技能概念中的强化行为。
强化与变化	强化	在教学中，对同一教学内容的不同信息的刺激形式反复刺激，如外语教学中的替换练习，加强的是教学材料中的刺激信息，而不是对学生反应活动进行强化（鼓励或批评等）。
	变化	在教学中，教师经常变换不同的信息传递方式或信息形式，对同一教学内容继续进行形式不同的反复信息刺激，这些教学活动是变化，而不是强化技能概念中的强化行为。
强化与提问	强化	强化行为的范围比提问技能广泛，主要包括对所有符合教学要求的行为进行强化。强化行为是肯定、鼓励。在功能上，强化是将学生已形成的、尝试性的正确认识巩固下来或提供线索对其进行检验。
	提问	提问技能是引导、启发，即引导与启发学生得出尝试性的结论。

强化的分类

序号	强化类型		释义
一	按强化的方式分类		
1	语言强化	口头语言强化	教师对学生进行口头的肯定、表扬、鼓励及批评，以表扬为主。
		书面语言强化	教师在作业或试卷上所写的评语。
2	活动强化		教师安排一定的活动，并对学生在活动中的行为进行关注和奖励，使学生在活动中不断巩固自己的行为，得到自我强化。例如，对提前完成某一学习目标的学生可给予新的学习任务；在讨论时让理解正确或有独特见解的学生向全班阐述；对有特殊爱好和专长的学生分派一些"代替"教师的任务；在完成一个单元或一章的教学任务后，教师可以组织学生讨论等。
3	动作强化		教师运用微笑、点头、摇头、鼓掌、举手、拍拍肩、抚摩头、握手、接近等非语言的身体动作，对学生的行为表现表示自己的态度和情感。例如，可以通过目光传递多种信息；通过手势变化来表达多种意思；通过面部表情动作对学生的行为表现表示赞许或肯定；通过用躯体接近学生表示教师对学生的关注和兴趣；教师与学生的身体接触，如拍拍肩、摸摸头、握握手等动作，会使被接触的学生从心理上产生很大的满足感、优越感，从中得到极大的鼓舞。

续 表

序号	强化类型		释义
4	标志强化		当学生出现教师所期望的行为时，教师可以给予其代表鼓励或奖励的标志（或符号）进行强化，也可以使教师给讲授重点、关键之处加上醒目的标志，如打上重点号、下划线等。
二		按强化的时间分类	
1	即时强化		教师根据学生的反应即时想出解决的办法。
2	延时强化		当学生做出理想反应时，教师不宜即时强化，应延续一段时间后再进行强化。学生会因此保持相对完整的独立思考时间，有利于学生思维的连续性。
3	前置强化		在学生期待反应出现之前进行的强化。这可以吸引学生的注意力，使学生快速进入思考状态，提高听课效率。
三		按强化的对象分类	
1	单个强化		如果学生出现走神、因智力因素、家庭原因等出现上课注意力不集中的情况时，教师需要对个别学生出现的某些问题进行强化，强化方式包括补课、课外辅导等。
2	集中强化		为解决带有一定普遍性的问题或某阶段所存在的一批问题而在全班范围内专门抽出一定的时间进行讲解的处理方法。其内容主要来自作业或测试中存在的问题，教师可重点地讲，也可以系统地讲。

续 表

序号	强化类型		释义
3	小组强化		教师在小组讨论中发现学生的期待反应时做出的强化。其目的是活跃课堂氛围，调动学生的积极性。其方式主要包括：小组竞赛、学生互相评价等。
4	部分强化		当学生的期待反应有部分欠缺时，教师所做出的有针对性的强化。例如，当学生的回答不完整或部分正确时，教师进行肯定性表扬的同时也要提醒学生进一步考虑问题，以得出完整的答案。

强化管理的目标：

多样化。能根据所授课的特点经常变化强化方式，语言幽默有趣。

个性化。要顾及强化对象的个性及行为程度，强化的方法要符合学生的年龄特征和学生的表现，多用正面强化。

针对性。强化应具体明确，不同的学生给予不同的强化方法，承认学生的努力和成绩，促进学生正确的行为得到巩固，使学生的努力在心理上得到适当的满足。

时效性。对学生的反应要及时。

能引起学生的注意。提高学生的参与意识，使学生的注意力集中到教学活动上来。

强化适度。在强化的同时关注学生的心理特征，使用手势强化时不要过于夸张，不可低俗。

热情真诚。应微笑使用点头或摇头来对学生的表现给予肯定或否定，促进学生积极主动参与，活跃教师与学生的双向交流气氛。

需要注意的是，教师在使用口头语言强化时不能简单说"很好"，应有意识地走到学生身边，站立观察或与之谈话，倾听意见。在强化时，要注意发出双重信息：对于学生的不正确行为，必要的批评和切实的指正应同步。在对学生的试卷和作业进行评价时，不能笼统地使用"好、有进步"等文字。目视时不把目光在某一个学生身上停留太久，应分散，而且要表现自然，同时要有意识地使自己目光注视的学生明白你目光中的含义。使用沉默进行强化时，要注意时机和持续时间。符号强化时，不能乱，应和其他如赞许、认可、微笑、手势、注视以及物质奖励结合。

工具箱

强化技能工具表

技能构成	现象观察		意图分析	得出结论
	现象描述	初步结论		
现象观察	个别还是几个人？			
	具体表现是什么？			
准确判断	准确理解	弄准学生反应的真实含义。教师可以将自己对学生反应的理解提出来，询问学生是否是这个意思。		

续　表

技能构成	现象观察		意图分析	得出结论
	现象描述	初步结论		
准确判断	捕捉闪光点	教师不能将反应的机会都交给学习较好的学生，同时也要多关注学习较差的学生的反应。		
	关注课堂生成	根据课堂生成变化，不断捕捉、判断、重组课堂教学中学生涌现出来的各种信息，随时把握课堂教学中闪动的亮点。		
	不急于下结论	教师对学生的回答不能做出准确的判断时，不要急于下结论，要让学生充分表达自己的想法。		
意图明确	具体分析	教师不能简单笼统地肯定或否定，这不能让学生区分自己的反应和活动哪些是正确的、哪些是多余的、哪些是错误的。教师应首先说明反应中各成分的性质，然后分别给予不同的强化。		

续　表

技能构成	现象观察		意图分析	得出结论
	现象描述	初步结论		
意图明确	明确原因	教师要说明强化的原因，使学生明确为什么会受到赞赏和鼓励。		
	整体意识	教师的强化意图绝不应该仅仅是对学生个人的，应该是面向全体学生的。		
把握时机	即时强化	当学生的正确反应一出现，就立刻加以肯定，虽然某些反应较慢的学生处于被动顺应的地位，但这并不影响他们对问题的最终理性认识。		
	延时强化	对于一些比较抽象的问题或开放性的问题，应采取延时强化的方法。		

动手做

举例说明强化和其他手段的区别。

三、组织技能

备忘录

组织技能构成要素

序号	构成要素	释义
1	提出要求	教师对每一个教学环节提出要求，告诉学生每一个环节应该做什么，以此提高学生的注意力。
2	布置流程	教师对整个课堂的教学结构按照设计的流程，制订出详细的操作程序，即告诉学生应该如何行动。
3	指导引导	教师在提出具体的要求和安排好程序后，要对学生进一步指导和引导。指导侧重于对学生的操作方法进行肯定或矫正，多用于观察、阅读、操作训练等。引导侧重于对学生思维的启迪和注意力的转移，多用于听讲、观察、讨论等。
4	鼓励纠正	教师对学生活动效果进行正面反馈，能有效回应学生的期望心理，是师生互动的有效模式。教师要注意时机选择，应在学生活动产生一定效果之后进行鼓励纠正。
5	总结评述	教师对学生活动情况和取得的效果进行全面评述，是对教育信息的进一步强化。评述应简明扼要，内容包括：对本课内容的机构化综述以及对学生活动状况，如态度、纪律、成绩、不足等问题，进行评价。

工具箱

组织技能工具表

序号	组织形式		释义	评价
	阶段	任务		
1	课前组织	设计预习案	完成预习案的设计与制作，按学生人数准备。	
		预习案处理	包括预习案发放、使用和检查三个环节。教师根据教学内容和学生实际情况决定预习案的发放时间，一般为课前发放，也可在课上发放。发放时教师要提出具体要求。学生完成后，教师要进行检查和评价。	
		旧知激活	其方法很多，但关键在引入阶段，在于创建内容与形式相统一的情境及构建恰当的呈现方式。在良好的情境下，旧的知识容易被激活。例如，可采用预习激活、语言激活、图片激活、习题激活、小组讨论等激活方式。	
2	课堂管理	开始阶段	开始阶段包括预备、开讲两个阶段。预备阶段主要是课前准备，开讲阶段主要是激发兴趣。	

续 表

序号	组织形式		释义	评价
	阶段	任务		
2	课堂管理	合作阶段	主要任务是通过师生合作，完成学习任务，达成学习目的。	
		结束阶段	其任务主要是：师生一起总结本节课的学习内容，教师引导学生把所学知识条理化、系统化，便于学生储存记忆。同时，还要布置适量作业，指导学生正迁移，把知识变为能力。	
3	课后管理	知识应用	知识应用是指学生将所学的知识具体化，即能用来解答各种口头或书面的作业。其方式包括审题、联想、类化、解析、验证、巩固等。	
		知识迁移	即能用知识之间的联系，进行新旧知识对照，由旧知识去思考、领会新知识，学会更新知识的方法。	

动手做

根据某一具体教学内容，设计一个知识迁移方案。

四、试误技能

教师在课堂中，通过创设情境推动学生不断尝试，使学生在尝试中的犯错频率越来越小，错误的性质向着有利于学生学习的方向发展，直到学生能掌握学习内容。这是教师在教学中的一种高层次的、非常生动且行之有效的技能。

在课堂教学过程中，肯定会出现这样或那样的问题，教师的试误技能就显得十分重要。我们常说"失败是成功之母"，但是这句话的本来意思并非是说失败可以孕育成功，而是告诉我们做事情不要害怕失败，而要从失败中吸取教训、总结经验，为下一步的成功找出可行的方法，从而由失败走向成功。正确理解这句话对于我们在教学中积极、正确运用"试误技能"十分必要。

学生的学习过程，是一个不断尝试，不断修正，逐步逼近客观事实或真理的过程。这句话使我们对试误技能在教学中的意义和作用有了一个很明确的认识，让我们认识到试误技能可以激发学生的学习需要，提高我们在教学中运用试误技能的自觉性，从而有助于学生能力的提高和教学任务的顺利完成。

试误技能由鼓励及时、纠错准确适时、"陷阱迷惑"设置恰当、评语确切、生动等要素构成。试误可以改变教师以往的"教鞭作风"，鼓舞学生不怕犯错，大胆探索创新；鼓励学生及时纠正错误，使学生通过亲身体验或切身体会，对所学的知识和技能有更准确的、更深刻的认识和掌握，此外，试误技能的实施，有利于培养学生健康的心理，发展学生的各种综合技能。

再次强调：课堂教学有两种活动，一种是教学活动，一种是管理活动。既然试误是不断修正，不断尝试，逼近真理的有益方式，教师就应该领会其中的精要。

工具箱

试误技能工具表

序号	技能	释义
1	激发学生的学习需要	教师要能激发学生的学习需要，而不是把一大堆学习任务强加给学生。可通过创设学习情境、激发学生的学习兴趣和欲望、引起学生的认知需求来进行。在激发学生的学习需要时，不但要考虑所设定的学习目标与学生素养和能力的匹配程度，还要考虑能否调动学生回忆已学的知识、提升已有的能力，为后续的学习做好必要的知识与能力准备。
2	提供反馈	一方面，教师从学生那里寻求反馈，来诊断和调整自己的教学，为加强教学的目的性和科学性，减少盲目性和随意性提供可靠的依据；另一方面，教师向学生提供反馈，可以强化正确，修正错误，确定主攻方向，最大限度地减少失误。
3	推动尝试	在学生初次尝试不成功的时候，教师帮助学生进一步尝试，从而掌握正确的知识与技能。一是要为所有的学生提供尝试的机会，不能厚优生薄差生；二是不要让学生有顾虑；三是对学生的任何尝试都要及时给予鼓励和支持。
4	利用错误	学生学习过程中有错误在所难免，教师要给学生机会和时间，使他们的认识可以通过多次或长期的反复来提高，让他们逐步去感悟。教师的职责是分清错误的性质：是粗心大意的非结构性错误？还是理解性的结构性错误？教师要根据错误的性质进行纠正。教师在利用错误时，可以从以下几个方面入手：一是鼓励学生面对错误；二是学会诊断学生的错误；三是将错就错；四是让学生自己或同伴纠正错误。

续　表

序号	技能	释义
5	设计迷惑	教师在教学中有意识地设计一些障碍、陷阱、迷惑，让学生深陷其中，在经过思索、否定、辩驳之后获得正确的结论。设计迷惑的方式有：一是在讲授新知识之前设计迷惑。可根据以往学生的学习情况，在学生普遍易出错的地方引出迷惑。二是在新知识的讲授过程中设计迷惑。在学生已经知道了相关知识后，设计一些迷惑，先把学生引入"陷阱"，再让学生自己或在教师的帮助下走出"陷阱"。

动手做

分析自己的一个试误行为，并提出完善方案。

五、结束技能

一堂好课应该有一个精彩的结尾，因为一节课的开始和结束部分是学生最有可能记住的部分，因此，我们认真思考如何结束一堂课是必要的。精彩的结尾能帮助学生回忆课上所学的知识，帮助学生把新学习的技巧和概念纳入旧的知识结构，从而使学生体会到成就感。同时，精彩的结尾也会使学生期待着下堂课的到来。

一堂好课的结束是内容安排恰到好处，或戛然而止，或余音绕梁，能引领学生面向更丰富多彩的知识世界和生活世界。因此，如何结束一堂课既是课堂教学艺术的重要组成部分，也是教师进行课堂教学必备的一项基本技能。结束技能的心理学任务是使学生保持旺盛的求知欲和浓厚的学习兴趣，从而取得课虽尽而趣无穷的教学效果。从这个意义上说，结束是课堂教学活动进行的终端，是师生间在一堂课中情感共鸣的最后一个音符。

教学活动结束时，教师要引导学生对所学的知识和技能进行及时总结、巩固、扩展、延伸和迁移，通过归纳总结、领悟主题、实践活动、转化升华和设置悬念等方式，对所学的知识和技能及时地进行系统巩固运用，使新知识有效地纳入到学生的认知结构中。其管理目标为：目的性强；趣味性浓；及时性明；多样性显；巩固性高。

工具箱

结束技能工具表

序号	技能	释义	评价
1	总结归纳法	教师引领学生，用准确简练的语言，对本节课的主要内容进行归纳、概括、总结，使学生加深对所学知识的理解和记忆，培养学生的综合概括能力。	
2	拓展延伸法	在新课结束时，教师在总结归纳所学知识的同时，与其他科目或以后将要学习的内容或生活联系起来，把知识向其他方面进行拓展或延伸，可以拓展学生的知识面，引起学生学习、研究新知识的兴趣，使学生形成知识网络。	
3	新旧比较法	教师将本节课的新知识和以前相关的旧知识联系起来，进行分析比较。在具体应用时，可对教学内容采用辨析、比较、讨论等方式来结束课堂教学。	
4	悬念启示法	教师在结束时，要找出本节课与下节课知识的联系点，精心设置悬念，使学生自觉地产生解开这个"谜"的兴趣。	
5	练习评估法	教师在结束时通过提问、小测验或让学生完成练习、作业等方式结束课堂教学。这是最简单、最常用的结课方式。	

续 表

序号	技能	释义	评价
6	提问提升法	教师围绕教学内容进行口头提问，让学生回答，然后教师或其他学生再根据回答的情况进行必要的修正和补充。	
7	承前启后法	在结课时，所设计的内容要与课堂开始的内容相呼应，解决导入阶段所设置的悬念，并予以强调。	
8	汇报展示法	在结课时，让学生上台汇报这节课的学习收获，培养学生的自我评价能力。	

结课的方式虽然有很多，但归纳起来主要有两类：封闭式结课和开放式结课。封闭式结课的目的是巩固学生所学的知识，把学生的注意力集中到课程的要点上。这种方法是对教学内容的归纳总结，对结论和要点的进一步明确和强调，并尽可能地引出新问题，把学生学到的知识应用到解决问题中去。开放式结课是在一个与其他学科、生活现象或后续课程联系比较密切的教学内容完成后，不仅限于对教学内容要点的复习巩固，还要把所学的知识向其他方面延伸，以拓宽学生的知识面，引起学生更浓厚的学习兴趣，或把前后知识联系起来，使学生的知识系统化。

六、媒体应用技能

教师将来的职业发展一定是"脑子＋设备"模式，现代教师如果不能使用现代教学设备，不能想象他们的课堂会是什么样子。今天的许多学生，在知识面前，已经走到了教师的前面，而教师的优势只有阅历和经验。因此，教师要将自己的这些优势变为学生所缺乏和需要的东西。

备忘录

教学媒体优势与劣势比较

媒体类型		优势	劣势
视觉媒体	投影型：幻灯片、投影、实物投影（展示平台）等 非投影型：黑板、印刷材料、图片、实物教具、模型等	善于提供静止、放大的视觉画面。有利于学生观察事物的细节，能突出事物的外部形态及特征，可创设问题情境，材料丰富易制作，可控性较强。	不善于表现连续运动变化的过程。
听觉媒体	广播、录音、激光唱片等	善于呈现各种逼真的听觉信息，提供标准的声音刺激，便于感知、模仿。能营造氛围，调动情感参与，材料丰富易制作，可控性强。	抽象性强，难定合适的步调，以时间线索的固定顺序来表现信息。
视听觉媒体	电影、电视、录像、激光影碟等	善于呈现连续的视听信息，有利于展示事物发生、发展的全过程，有利于呈现标准的运动和动作规范，便于模仿，能观看到实验中不能直接看到的事物，表现力强，容易激发学生的兴趣，有利于建立共同经验。	制作周期长，制作技术方面有一定的要求，单项传播媒体，画面元素较多，学生不容易将注意力集中在所表达的内容上。
交互媒体	教学模拟机、双向电视系统、互联网、计算机辅助教学系统等	能呈现多种信息形态，动静结合，表现力强，便于交互，有利于调动学生参与的积极性，能实现异地的实时性交互，便于学生联想、跳跃式的思维，能创设逼真的人际化环境，适合于各种学习方式。	

续 表

媒体类型		优势	劣势
多媒体系统	多媒体学习包、多媒体网络教室、语言教学室等	学习环境更为真实，学习参与性强。	投资大，修改困难。

媒体选择流程图

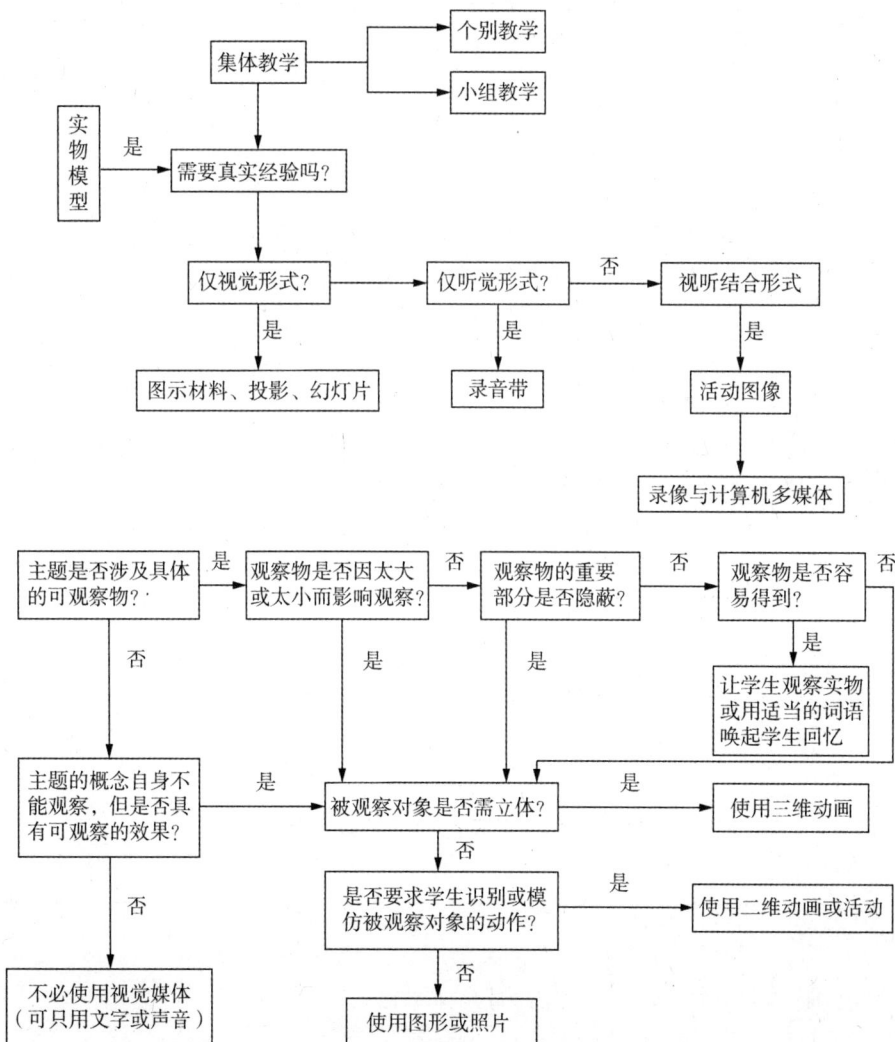

矩阵表是将教学媒体的种类作为一维，以它们的教学功能作为另一维，进行列表，再用一种评判尺度来反映二者之间的关系，从中找出在特定教学要求下的媒体最佳效果。评判尺度可用"适宜与否"、"高、中、低"等文字表示，也可用数字和字母符号表示。

媒体选用矩阵表

学习类别 教学媒体	学习真实信息	学习直观鉴别	学习原理概念和规律	学习过程程序	完成技能的知觉、运动的运作	发展期望的态度、观点和动机
静止图像	M	H	M	M	L	L
电影	M	H	H	H	M	M
电视	M	M	H	M	L/M	M
三维物体	L/M	H	L	L	L	L
录音	M	L	L	M	L	M
程序教学	L	M	L	H	M	M
演示	L	M	L	H	M	M
印刷教材	M	L	M	M	L	M
口头表达	M	L	M	M	L	M

注：H——高效能 M——中效能 L——低效能

功能＼种类	实物演示	口头传播	印刷媒体	静止图像	活动图像	有声电影	教学机器
呈现刺激	Y	Li	Li	Y	Y	Y	Y
引导注意和其他活动	N	Y	Y	N	N	Y	Y
提供所期望行为的规范	Li	Y	Y	Li	Li	Y	Y
提供外部刺激	Li	Y	Y	Li	Li	Y	Y
指导思维	N	Y	Y	N	N	Y	Y
产生迁移	Li	Y	Li	Li	Li	Li	Li
评定成绩	N	Y	Y	N	N	Y	Y
提供反馈	Li	Y	Y	N	Li	Y	Y

注：此表为加涅提出，Y——有此功能，N——无此功能，Li——功能有限

工具箱

媒体选择工具表

学科名称：

分类			
非投影视觉媒体（传统教学媒体）	印刷材料		
	静止图片		
	图示材料		
	模型		
	实物		
投影视觉媒体	幻灯机		
	投影器		
听觉媒体	广播		
	录音		
	激光唱片		
视听觉媒体	电影		
	电视		
	录像		
	激光影碟		
综合媒体	计算机和计算机网络		

续　表

教学单元								
知识点	学习水平	媒体类型	媒体在教学中的作用	媒体内容要点	资料来源	媒体受欢迎方式	使用时间
		1						
		2						
		3						
		4						
		5						
		6						

　　教学媒体使用的时机通常选择在：学生的心理状态由无意识向有意识转化时；学生的心理状态在有意注意与无意注意之间互相转化时；学生的心理状态由抑制向兴奋转化时；学生的心理状态由兴奋向理性升华时；学生的心理状态进入"最近发展区"，树立更高的学习目标时；鼓励与激励学生的求知欲望时；鼓励学生客服畏难心理、增强信心时；满足学生表现成功欲望时……因此，美国学者库尔曾经这样说："一堂演讲是否吸引人，并不在于你的多媒体做得是否精彩，主要在于你是否有精辟的思想。"

七、语言技能

　　同其他语言相比，教学语言有其特性，主要体现在教育性、学科性、科学性、简明性、启发性和艺术性上。

备忘录

教学语言的标准

序号	类别	标准
1	教学语言的总体要求	适合学科教学内容
		处理好化繁为简与学科的关系，不能有错误
		处理好通俗语言与学科术语之间的关系，要做到语言既优美又不失学科性
		适合学生的年龄及发展水平
		实事求是，忌无限夸张，更不能不懂装懂
		表达完整正确，具有辩证性，防止绝对化
		正确使用名词术语，不产生科学性错误
		不读错别字
		严禁低俗语言和暴力语言
		以启发导向为主
2	语音规范	发音准确
		吐字清晰
		普通话规范
		表达简明扼要，无习惯性口语，如这个……
		音量适中，注意深吸气，有控制地呼气
		应有逻辑重音
		每一句的最后一个字都能清楚地送进学生的耳朵里
		音量须配合内容进行变化，以捕捉学生的注意力

序号	类别	标准
3	语调自然	自然适度
		抑扬顿挫，表达不同感情
		情感自然流露，表达复杂感情
4	语速适中	快慢合理：每分钟 200—250 字为宜
		注意逻辑停顿和情感停顿
		依据学生年龄，做出语速调整，让学生有思考和吸收的时间
5	节奏明快	语言与教学内容、目的同步，以吸引学生、便于思考、激发学习兴趣
		节奏与语速、语音是相对的表达方式，语音的长短、停顿、快慢变化会影响节奏的速度，调节语速的变化，可形成和谐的节奏，加强语言表达的生动性
6	词汇丰富	规范：使用普通话
		准确：表达意思客观，词语恰当，正确使用专业词汇
		生动：注意用词的形象性和感情色彩
		词汇量积累丰富，可使用表情词、感情词、成语、诗词等
7	语法正确	语法符合汉语规范，修辞得当，逻辑无误
		使学生可以清晰地寻根求源，让学生达到理解、掌握的境界
8	体态搭配适度	适度，不过分夸张
		文明，不低俗
		自然，不矫揉造作

续　表

序号	类别	标准
9	特殊语言技能	引入要使学生对所学内容做好心理准备
		介入要能提示学生做出正确回答，或正确执行教师的要求
		评价要能以不同方式，处理学生的回答

教学语言的技能标准

序号	标准	释义
1	清晰流畅	用清晰准确的语言及学生能理解的词汇对事物进行叙述或概括说明，其中心任务是使学生明白。
2	组织严密	说明的顺序逻辑性强，脉络清晰；说明的形式与内容相互统一；各部分之间选好连接词，使内容浑然一体。
3	提出问题	说明的过程首先是提出带有本质性的问题，围绕问题展开说明。同时在说明时还要分析问题中隐含的未被言明的问题。
4	使用实例	使用实例来说明概念或原理帮助学生理解。这些例子最好是学生了解过的或者是经历过的，用正反两方面的例子能加深学生的理解，举例要清楚、准确、具体。
5	强调重点	对说明的重点要加以强调。强调的方式有很多，如声音抑扬顿挫的变化、不同措辞的重复、手势的变化以及提供多种材料等。强调的目的在于使学生抓住主要问题。
6	反馈强化	要给学生提出问题的机会，检查他们对说明内容理解的程度以及他们对说明的观点、观念的看法。

工具箱

语言技能工具表

序号	阶段	技能	评价
1	开始阶段	具有针对性：教师能针对学生的实际情况采用学生能够接受的语言来进行教学。教师要注意学科语言层次、学生年龄层次、学生个体差异、学生性别差异等。	
		具有简洁性：做到用词科学、确切，不含糊、不糊涂、不矛盾、不模棱两可。	
		具有启发性：能给学生留下适当的想象余地，收到启发思维的效果。	
		具有逻辑性：能围绕中心，纲目分明、层次清楚，体现出知识的系统性。	
		具有趣味性：能引起学生的兴趣。	
2	合作阶段	逻辑方面：准确使用概念，恰当进行判断，严密进行推理。	
		透彻性方面：阐述透彻，引导清晰。	
		启发性方面：集中在开导和点拨上，重点是培养学生的认知兴趣和思维能力。	

续　表

序号	阶段	技能	评价
2	合作阶段	简明性方面：规范的学科语言，通俗的口语表达。	
		生动性方面：体现在修辞或语气词上。	
		反馈性方面：及时。	
3	结束阶段	凝炼性：语言简练且要言不烦。	
		严实性：语言质朴、严谨、实在，以促使学生领会问题为主。	
		延伸性：语言要顺延、伸展，向新的深度和广度前进。	

在课堂教学中，由于教师的教学语言、板书、讲解、变化、演示和提问等技能是教师和学生在课堂上进行信息交流的主要方法和形式，因此，我们将其称为教师的基本技能。

教学语言技能是教师传递信息、提供教学指导的语言行为方式，它是一切教学活动最基本的行为方式，是完成教学任务的最主要保证。教师教学语言技能的好坏与课堂教学效果有密切的关系，一堂课的好与坏，在很大程度上取决于教师的语言表达水平。此外，教师的教学语言技能水平是影响学生学习的重要因素，在引导学生学习，启发学生思维，实现教学目标等方面具有重要作用。教师要注意语言技能的训练，以使学生更加喜欢你。

动手做

分析自己一堂课所使用的教学语言，并提出完善方案。

八、板书技能

李如密在《教学艺术论》中说："教学板书有很强的示范性特点，好的板书对学生是一种艺术熏陶，起到潜移默化的作用。"在课堂教学过程中，虽然教师主要是运用语言向学生传递教学信息，但是，教师利用辅助语言表达一些文字信息，如符号、表格、图示等，也是必不可少的。这些文字信息主要是通过板书来呈现的。在课堂教学中，板书成为调动学生的主导感觉，即视觉的重要手段，因其能系统、概括地呈现教学内容，能够长时间、多次地向学生传递信息，所以能够提高教学效率，取得良好的教学效果，达成教学目标，也因此成为教师的一个必备技能。

备忘录

板书的标准

序号	标准	释义
1	内容科学	词语、图表、公式等书写文字准确； 词语、图表、公式等呈现方式符合规范； 词语、图表、公式等表述必须科学。
2	条理分明	层次分明，重点突出； 条理清楚，与讲述顺序一致； 逻辑性强，不混乱。
3	计划合理	依据教学目标和黑板大小来安排内容和设计形式，预定板书的位置； 版面中间及大部分版面作为正板书内容，如教学内容的提纲、重点及主要公式等； 副板书是对正板书的补充、提示及说明等，可安排在板面的两边。
4	具有艺术性	字画工整； 用字准确； 书写规范； 不自造简化字； 体现教师的创造性、多样性和趣味性。

工具箱

板书技能工具

序号	技能	释义	举例
一		板书布局	
1	合理安排位置	确定标题区、线索区、推演区、绘图区、对比区、字词区、便写区。	
		掌握对称型、飞翼型、雁行型、阶梯型、折线型、辐射型、波浪型等板书形式。	
2	有效利用空间	四周留空；分片书写；字距恰当；凸显逻辑脉络；主次分明；重点突出；层次清晰。	
3	区域划分方法	中心板	辅助板书　主体板书　辅助板书
		两分板	主体板书　辅助板书

续　表

序号	技能	释义	举例
3	区域划分方法	三分板	主板　副板　机动
		四分板	主板　副板　机动　机动
4	书写方法	粉笔字用力轻重均匀，笔身与板面成 70°斜角，以避免发出尖啸声。	
		横行排列，字迹直径约 7－9 厘米，行距合理。	
		为突出重点，可在相应的字、词边加着重号。着重号可以用点号、短线、不同颜色、不同大小的符号标记，但注意不要过多，着重号尽量保持统一，颜色不宜太多，字号不宜过大。	

续　表

序号	技能	释义	举例
二		板书方式	
1	提纲式板书	最常用的形式主要有摘要型（摘取其中核心字句作为突破口）、概括型（简明扼要地揭示本质与规律）、显微型（对某主题内涵与外延做逐级解剖）、设疑型（以问题形式导入，解决问题时形成提纲）等。	
2	图表型板书	包括表解式、表格式、图示式、图画式、图解式等。	
3	网格式板书	把文字、符号或简单的图示用线条或框图联系起来的板书。其特点是简明、清晰，能清楚地反映所叙述对象之间的复杂关系。	
4	其他	总分式板书、线索式板书、词语式板书、对比式板书。	

动手做

分析自己一堂课所使用的板书，并提出完善方案。

九、讲解技能

讲解技能指教师利用语言及各种教学媒体，对教学内容进行剖析和揭示，引导学生理解重要事实，形成概念、原理、规律、法则等，从而使学生把握其实质和规律的教学行为方式。

讲解技能在行为方式上的特点是以"语言讲述为主"，课堂教学中的大部分内容都是依靠教师讲解完成的，这是因为讲解具有省时、省力的优点，但讲解会使学生在课堂上处于被动地位。因此，教师在课堂上如果不能解决师生的交流和反馈问题，就会影响学生的学习积极性，也会影响学生创造品格的发展。讲解与提问不同，提问主要是引起学生的思考，而知识的结论是教师依据学生的回答通过讲解得出的，区别讲解技能和提问技能主要是看学生的学习方式是接受学习还是在教师指导下的发现学习。

备忘录

讲解技能标准

序号	技能	标准
1	准备充分，思路清晰	目标必须具体明确； 讲解内容的重点和关键点清晰； 把握问题结构要素和要素间的内在联系。
2	具有科学性	用词要准确，要符合逻辑； 内容要科学，要以教材为依据； 态度要科学，要实事求是； 语言要科学、严密、精确。

续　表

序号	技能	标准
3	要有启发性	能启发学生对学习目的、学习意义的认识，激发他们的学习兴趣、热情和求知欲； 能培养学生的联想、想象、分析、归纳、演绎能力，引发学生的思考； 能启发学生的审美情趣，丰富学生的思想感情。
4	要生动形象	能运用多种语言技能和动作变化技能； 语言生动有趣，但不低俗。
5	要简洁	语言连贯，无语病，保证学生思维连贯和语言表达流畅； 使用术语，不生造词汇； 句子完整，逻辑性强。
6	要通俗易懂	传递的信息要符合学生的知识背景，增强针对性； 选择的例子和证据应符合学生的年龄特征、生活经历、兴趣爱好、知识水平和认知能力等； 尽可能选择学生比较熟悉的事物。
7	要有和谐性	要注意语速、语调、音量的科学运用，并能根据学生的反应适时做出相应的调整； 要根据教学内容来调整语音的高低、强弱、快慢和停顿以吸引学生的注意力； 吐字清晰，发音规范，平直自然； 要关注学生的反馈信息，每次讲解的时间不宜过长，以10分钟为宜。

工具箱

讲解技能工具表

序号	策略	释义
一	事实性和程序性知识讲解	
1	提出问题	目的：引起学生注意。 过程与结果：通过对事实性知识的简单讲解，让学生弄懂其中的原理、主题或宗旨。
2	叙述事实	目的：以事论理。 过程与结果：围绕提出的问题，叙述事实，描绘对象。
3	提出要点	目的：指导学生把握中心，明确主旨。 过程与结果：引导学生从事实和现象中悟出道理。
4	核查理解	目的：检查学生对事实掌握的程度。 过程与结果：根据反馈，决定处理。
二	概念性知识讲解	
1	归纳法讲解	第一步：提供感性材料。理解的感性材料要典型、丰富，避免"以偏概全"，做出不全面甚至错误的概括。 第二步：分析综合，认识本质。根据需要确定分析什么，可以是事物的部分或特征，也可以是事物的某些关系或成因。

续　表

序号	策略	释义
1	归纳法讲解	第三步：概括抽象，形成概念。把其中的共同内容抽选出来，加以联结、综合。 第四步：练习运用，巩固概念。其目的在于原则的变化，指导学生由此及彼进行类推，从而加深学生对原则的理解。 第五步：进行分化和泛化。
2	演绎法讲解	第一步：提供抽象概念。推出一般原理、概念、公式等抽象概括的概念，为具体化打下基础。 第二步：阐明术语。进一步界定概念，弄清其内涵和外延，以避免引起混乱。 第三步：举出实例。把抽象概括获得的概念、原理、法则用于具体事物，使之具体化，从一般到特殊。 第四步：学生举例运用。通过例证来说明、运用，以获得概念，并通过说明、运用、扩大，加深对概念的理解。 第五步：分化、泛化（深化）概念。
3	类比法讲解	第一步：先选择一个与复杂概念相似的、较为简单的、学生易于理解的概念或事例来进行引导和启发。 第二步：学生通过对简单概念或实例的理解，进一步掌握复杂的概念或原理。

动手做

分析自己一堂课所使用的讲解技能，并提出完善方案。

十、变化技能

变化技能主要是为了有效地传递知识和情感，引起学生的兴趣，吸引学生的注意，保证学生学习的高效性和有序性，从而达到教学目的的教学行为方式。

变化技能的功能主要包括：

一是激发兴趣。在课堂教学的时间里，要想让学生一直保持教师所期望的学习兴趣是十分困难的，学生的思维兴趣、参与热情、灵感和注意力会随着时间的变长而降低。教师运用变化技能，使教学活动变得丰富起来，从而刺激学生大脑，激发学生学习兴趣，引发学生从无意注意到有意注意转移。

二是强化信息。教师的变化技能利用了学生的多种感觉器官，使信息传递变得更加有效。学生在几种感官的协同活动下，能对客观事物有全面的了解。因为学生是通过自身感官来获取信息的，教师的变化技能可以有效地向学生传递清晰而有意义的教学信息，使学生较好地领会和理解知识。

三是因材施教。学生的学习能力是有差别的，教师只有承认这些差别，才能因材施教，只有因材施教，才能调动不同层次学生的学习积极性和主动性。不同的学生对同一信息的认知水平和接受能力不同，教师的变化技能可以满足不同学生的需要。

四是形成态度。教师通过变化技能的实施，能使学生形成对该学科的学习态度、对教师的认同感、自我调控和自我监控能力、积极心理接受能力、心理疲劳恢复能力、学习价值观等。

使用变化技能时，教师必须考虑变化技能的下列管理目标：

一是针对性要明显。能在教学设计时为完成教学任务进行分层，明确哪些是重点和难点，该采用何种变化方式；能考虑到学生的认知水平、兴趣特点及学习过程中的思维活动方式和特点。二是能根据学生的能力、兴趣、背景、学校环境、学科、主题及任务的需求，选择有意义和富有挑战性的变化技巧。三是变化过渡自然、顺理成章。四是能根据教学内容和学生情绪适度运用变化技能。五是有备选的变化技能，能根据学生在教学过程中的反馈灵活、自发地调整。

备忘录

变化技能的标准

序号	应达成的标准	
	标准	释义
1	针对性明显	能完成教学任务，并进行分层，明确哪些是重点和难点，该采用何种变化方式；能考虑到学生的认知水平、兴趣特点及学习过程中的思维活动方式。
2	选择准	能根据学生的能力、兴趣、背景、学校环境、学科、主题、任务等需求，选择有意义和富有挑战性的变化技巧。
3	流程	变化过渡自然、顺理成章。
4	制订备选方案	能根据教学内容和学生情绪及反馈适度运用和调整变化技能。

工具箱

变化技能工具表

序号	技能		评价
	类别	释义	
1	身体动作	走动、身体姿势、表情、手势、眼神、声音，不呆板，富于变化。	

续　表

序号	技能		评价
	类别	释义	
2	媒体变化	以教材为基础：以指导学生自主学习、合作学习、探究学习为主。 以直观为核心：运用学生观察、动手体验、观看等形式。 以组合为艺术：运用现代视听工具，将其他类型教学媒体纳入。	
3	师生交互	交流方式变化：教师与全体学生交流；教师与个别学生交流；小组讨论交流；个别辅导交流…… 教学节奏变化：内容的详略要得当；容量的密疏要适时；速度的快慢要恰当；思维的张弛要有度；讲课语调的高低要兼顾；课堂活动要动静结合；教学环节要松紧适度。	
4	学生活动安排变化	根据教学需要在教学活动中安排一定时间用于学生个别学习、小组合作等。	
5	课堂气氛变化技能	根据教学内容和任务进行调整，团结、紧张、严肃、活泼并用。	

动手做

分析自己一堂课所使用的变化技能，并提出完善方案。

十一、演示技能

演示技能的主要目的是让课堂教学知识更加具体化、形象化，引导学生学会由表及里、由现象到本质、全面地认识问题，使学生学到正确的操作技术和方法，缩短其掌握知识的过程，激发学生的学习兴趣，让学生集中注意力，提高学习效果。

1. 演示技能的目的

激发兴趣	一是从有趣的角度,如声音、颜色、形状、功能等;二是从展示、模拟等震撼的角度,引发学生的好奇心和学习兴趣,集中学习注意力。
展示情境	教师提供丰富的感性材料,创设学习(问题)情境,从具体事件、现象中引出问题和原理,展现真实情境,开阔视野,帮助学生领悟新知识和新概念。
启发思路	通过教师提供科学事实、现象等感性材料,培养观察和思维能力,考察学生的观察判断能力,启发学生解题思路。
提供方法	通过演示,把思考和解决问题的过程,具体操体的技巧原理,观察、发现、记录的方式等教给学生,使其迅速掌握这些方法。
提高效率	使学生获得有关知识的感性认识,从而提高教学效率。

2. 演示的流程

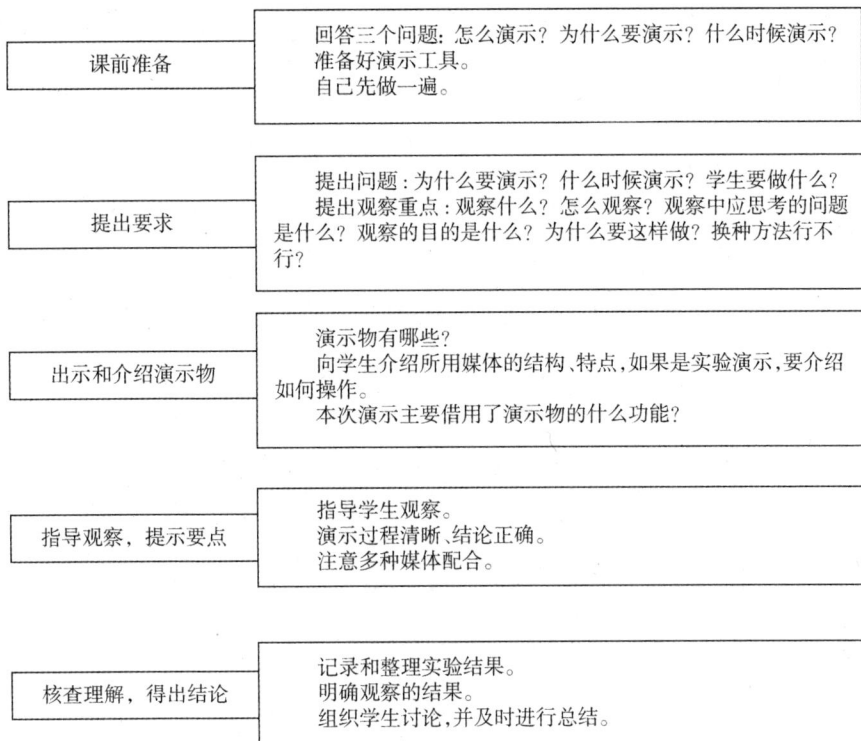

| 课前准备 | 回答三个问题：怎么演示？为什么要演示？什么时候演示？
准备好演示工具。
自己先做一遍。 |

| 提出要求 | 提出问题：为什么要演示？什么时候演示？学生要做什么？
提出观察重点：观察什么？怎么观察？观察中应思考的问题是什么？观察的目的是什么？为什么要这样做？换种方法行不行？ |

| 出示和介绍演示物 | 演示物有哪些？
向学生介绍所用媒体的结构、特点，如果是实验演示，要介绍如何操作。
本次演示主要借用了演示物的什么功能？ |

| 指导观察，提示要点 | 指导学生观察。
演示过程清晰、结论正确。
注意多种媒体配合。 |

| 核查理解，得出结论 | 记录和整理实验结果。
明确观察的结果。
组织学生讨论，并及时进行总结。 |

备忘录

演示技能的标准

序号	标准	释义
1	演示与语言讲解相结合	教师通过对教学内容进行语言描述并附有直观的教学演示，让学生在观察中获取知识； 教师先提问题，学生根据问题对直观事物进行观察，教师再对学生观察的结果进行概括并将其上升到理论高度；

续　表

序号	标准	释义
1	演示与语言讲解相结合	教师不应直接传授知识，而应使学生有重点地观察，启发学生思考； 教师先提出问题，然后由学生观察，引导学生自己得出观察结论。
2	演示要适时、适度	能适时根据学生的心理特点，在其离散时机、渴求时机、疑难时机、升华时机、欲试时机和懈怠时机进行演示； 能在学生需要时演示，不需要时收起，以免学生产生疲劳，不能注意听讲。
3	选取能给学生适度刺激的素材	选取既能激发学生情感活动，又能引起学生学习兴趣，能给学生适时刺激效果的素材； 演示物要具有足够大的尺寸，大小适中； 演示物摆放的高度要合适，保证学生能看清楚； 应保证演示物有适宜的亮度； 复杂的实验应利用图解来帮助学生观察。
4	活用演示材料	能发挥教学的艺术性； 能一具多用。
5	设置悬念引导探索	演示前，要有简洁的引言，努力激发学生渴望演示的欲望； 演示开始后，要及时提示，能使学生认真观察和积极思考。

备忘录

演示技能工具表

序号	技能	释义	评价
1	及时准确	在课堂教学中，演示所起的作用是让学生能够快速理解教师所讲授的知识，因此，演示应在最佳时机及时出现。	
2	配合密切	教师的演示应与教师的指导性语言密切配合。在演示过程中，教师要注意多种方式、多种材料、多种环节的配合，特别是演示的材料与教师的指导语言的配合。	
3	方便观察	教师的演示应让全班所有同学都能看得见。在演示的准备阶段，教师必须做到：演示物要有适合的大小；演示物应摆放在全班学生可见的高度上；必须在适于视觉可见度的光线下进行演示，必要时衬以适当的背幕以突出演示物；对于较小的实物、标本或实验结果，由教师拿着巡回座位间，轮流指导观察，有条件做到的，可以分发在学生桌上，每一、两人一套。	

续　表

序号	技能	释义	评价
4	过程明晰	教师的演示应将整个过程展示清楚。在演示中，教师要注意"点、线、面"，特别在进行动物的器官、机械的内部结构等演示时，教师要明确指出某个器官或结构部件的准确部位。	
5	操作精准	演示的时候要注意操作的精确性，即教师的演示操作过程应该是规范化的和准确无误的。演示应该是示范性的，要严格按照规定和科学规范来进行演示，教师的一举一动都应成为学生的榜样。	

动手做

　　分析自己一堂课所使用的演示技能，并提出完善方案。